「家に何を求めるのか」

住み心地という視点に立つと、
すべては違って見えて来る。

家づくりは選択の連続だ。

構造・断熱の方法、換気・冷暖房の方法、間取り、設備や内装、外構などと選択は続く。

しかし、全ての選択に成功したとして、住んでみて住み心地に満足できなかったら家づくりは失敗したと同じである。

はじめに

住み心地の良い家に住む喜びは、履き心地の良い靴、着心地の良い服、乗り心地の良い車と出合った喜びの数千倍にも優る。そして、一生その喜びは続く。しかし、なぜか住み心地の良い家を求める人は少ない。

それは、国が「ゼロ・エネルギー・ハウス」こそ、これからのスタンダードだと、制度や基準を設け、補助金政策を推し進めており、学者も建築家もマスコミも、だれも異論を唱えないからではなかろうか。

私は、約半世紀にわたって家づくりに携わってきて、また、新型コロナウイルス感染拡大という厄災に遭遇してなおのこと、住み心地こそが住宅のいちばん大切な価値であると確信している。住み心地という視点に立つと、全てが違って見えてくる。不都合な真実の数々が見えてくるのだ。

家を建てるのは、それらを知ってからにした方がはるかに得であるのは間違いのないことだ。


1999年2月10日、私は「『いい家』が欲しい。」を自費出版し、当時は当たり前とされていた「断熱の方法」に異論を唱えた。

翌年1月28日、朝日新聞「天声人語」が「外断熱」を取り上げ、私を「外断熱しかやらない工務店主」として紹介したことで、「外断熱」は大ブレークすることとなる。

ガラス繊維協会をはじめとする充填断熱派、すなわち既得権勢力は大慌てとなり、つながりのある雑誌や学者を総動員して、〈「『いい家』が欲しい。」で「いい家」は建たない〉というネガティブキャンペーンを開始した。

それだけではなく、「『いい家』が欲しい。」を否定するような本が続々と出版され、その数は十指に余るほどにもなった。

だが、私の推奨する「いい家」を建てたいと願うお客様はいまも後を絶たない。本を読んだお客様は、住み心地の大切さと「外断熱」の合理性とメリットをしっかりと理解されているからである。

２０２０年3月に入ると、わが国は新型コロナウイルス感染拡大のニュース一色となり、住宅業界も大きな影響を受けることになった。住宅展示場はもとより、営業店も自粛体制となり、現場も工事停止に追い込まれるところが目立ち始めた。

正月明けに、まるで、新型コロナウイルス禍を予想していたかのように大和ハウスの芳井敬一社長は、日本経済新聞に一面広告を打ってこう訴えていた。〈高齢化社会を迎え、家を長く大切にしていきたいという需要は、これからもっと高まっていくことでしょう。

そうした「ずっと住みたくなる家」にしていくためには、様々な工夫やメンテナンスも必要です。

どうしたら自分の家を育んでいくことができるのか。どんな家なら住み続けたいと思うのか。ぜひとも皆さんのアイデアやお考えをお寄せください。〉

大手ハウスメーカーが、ユーザーに向かってアイデアを募るなどということをしたのは、わが国の住宅史上初めてのことではなかろうか。

2019年9月、私は2020年を見据えて、造り手たちが住宅に求める本当の価値が分からなくなっていることについて警鐘を鳴らすべく「家に何を求めるのか」を出版した。そこにコロナウイルス禍が降りかかってきた。

我ながら、そのタイミングに驚いた。厄災に見舞われなくても、わが国の家づくりが見直しを図らねばならない時期を迎えていたからである。

国は、「新しい日常」・「新しい生活様式」を描き、国民に対応を求めている。コロナ禍は、営業方法にも、家づくりそのものにも新たな価値観の構築を迫っているのだ。

営業に関しては、大手ハウスメーカーはネット広告を増やし、「家にいながら家づくり」、つまり、リモート営業を本格化している。「おうちで家づくり」、「オンライン設計相談」「Webカタログ」などを見ると、オンライン営業が、すっかり「新常態」になったかのような印象を受ける程である。中には、「自宅で体感、バーチャルモデルハウス」などと標榜するメーカーもあるようだ。

気付くべきは、大手ハウスメーカー主導で、これから主流になるかもしれないオンライン営業に乗る家づくりは、これまでと同様「見る・聞く」(デザイン・インテリア・間取り、耐震・断熱性能・燃費などの数値比較)であって、住み心地を「感じる」ものとは程遠いということだ。

この本のキャッチコピーを「新築　思い立ったらまず読む本」としたのは、みなさんにその事実に気付いて欲しいからである。

住み心地は、空気を吸って、つまり「感じて」納得するものである。

「感じて建てる家」を知ることは、あなたに計り知れない利益をもたらす。

なぜなら、住み心地の質には「とても良い」「まあまあ」「悪い」があって、健康維持・増進に役立ち、住む喜びが得られるのは「とても良い」場合だけなのだから。

そのための絶対条件は、空気が気持ちいいことだ。

この本が推奨する「換気が主、冷暖は従」とする「涼温な家」は、2012年にそれらの確信から開発されたのである。

このたびの増刷にあたり、「はじめに」と「おわりに」の一部を書き改めた。

コロナウイルス禍が一日も早く収束することを祈念するとともに、医療従事者の皆様の日々のご尽力に心から感謝を申し上げます。

2020年6月29日

目次

第三章　住み比べてこそ

第一章　家づくりの不都合な真実

間取り、設備やデザイン、インテリアがどんなに気に入ったとしても、また、いかに省エネに優れているとしても、住み心地が悪かったら家づくりは失敗だ。住んでみて、住み心地に感動しない家づくりは失敗なのだ。

家づくりが成功するか否かは、構造・断熱・換気・冷暖房の四つの選択にかかっている。それらの選択と組み合わせによって、住宅のいちばん大切な価値である住み心地が大きく影響されるからだ。言い換えると、家の性格が決まってしまうのだ。

省エネルギーを何よりも優先するこれからの家づくりは、国の干渉がますます大きくなる。すでに、造り手を、「ゼロ・エネルギー・ハウス」の建築棟数で評価する制度も用意されている。その土地、その家族に最適な住み心地を求めるのではなく、何よりも「ゼロ・エネルギー・ハウス」であることが国の要請である。

「住み心地のいい家で暮らしてみたら、省エネだった」では評価されない。つまり、住み心地を目的とする家づくりは評価されないし、補助金の対象にもならない。ゼロ・エネルギーが達成されるのであれば、構造も断熱も換気も冷暖房も何でもありとなる。となれば、量産住宅の造り手は当然として、工務店も、簡単に儲かるもの、すなわち、造る側にとって都合が良いものを選択することになるのは当然だ。

かくして、「造る側にとって都合が良いことは、住む側には不都合である」という家づくりの不都合な真実が生じることになる。

この本がお薦めする「涼温な家」の構造は「木造軸組」、断熱の方法は「外断熱（外張り）」、換気の方法は「センターダクト換気」、冷暖房の方法は「涼温エアコン」である。なぜ、そのような選択と組み合わせをすると「住み心地いちばんの家」となるのか。
断熱の方法からお話ししよう。

「断熱の方法」を決めるのは誰か？

「外断熱《そとだんねつ》」と「充填断熱《じゅうてんだんねつ》」、どっちがいいの？

この質問は、床下と小屋裏が居室と同じ快適な空間として使える家がいいか、使えなくても構わないのかを問うことでもある。

構造体を外側から包むように断熱する「外断熱」の大きな魅力は、床下と小屋裏にあって、家の容積の約25％にもなる二つの空間が快適に利用できるという点にある。これにより、住み心地を決定づける本格的な換気システムを小屋裏に設置できる。これが住み心地向上の要《かなめ》となる。

一方、「充填断熱」は一階の床下、二階の天井（二階建の場合）で断熱するから、床下空間と小屋裏の両方ともが断熱ラインの外側に位置することになるので外部と同じ環境であり、収納スペースとしても、換気システムの置き場としても適さない。

断熱の方法の決定は、ほとんどの場合造り手側の判断にゆだねられることとなる。その結果、造る側としてみれば、住む人のためではなく、自分にとって都合がいい方法を最善として押し付ける。

造り手が勝手に選択した断熱の方法によって、それらの利便性が損なわれてしまってもいいのだろうか？

それは、本格的な換気システムの導入をしなくてもよいのかという問題でもある。充填断熱

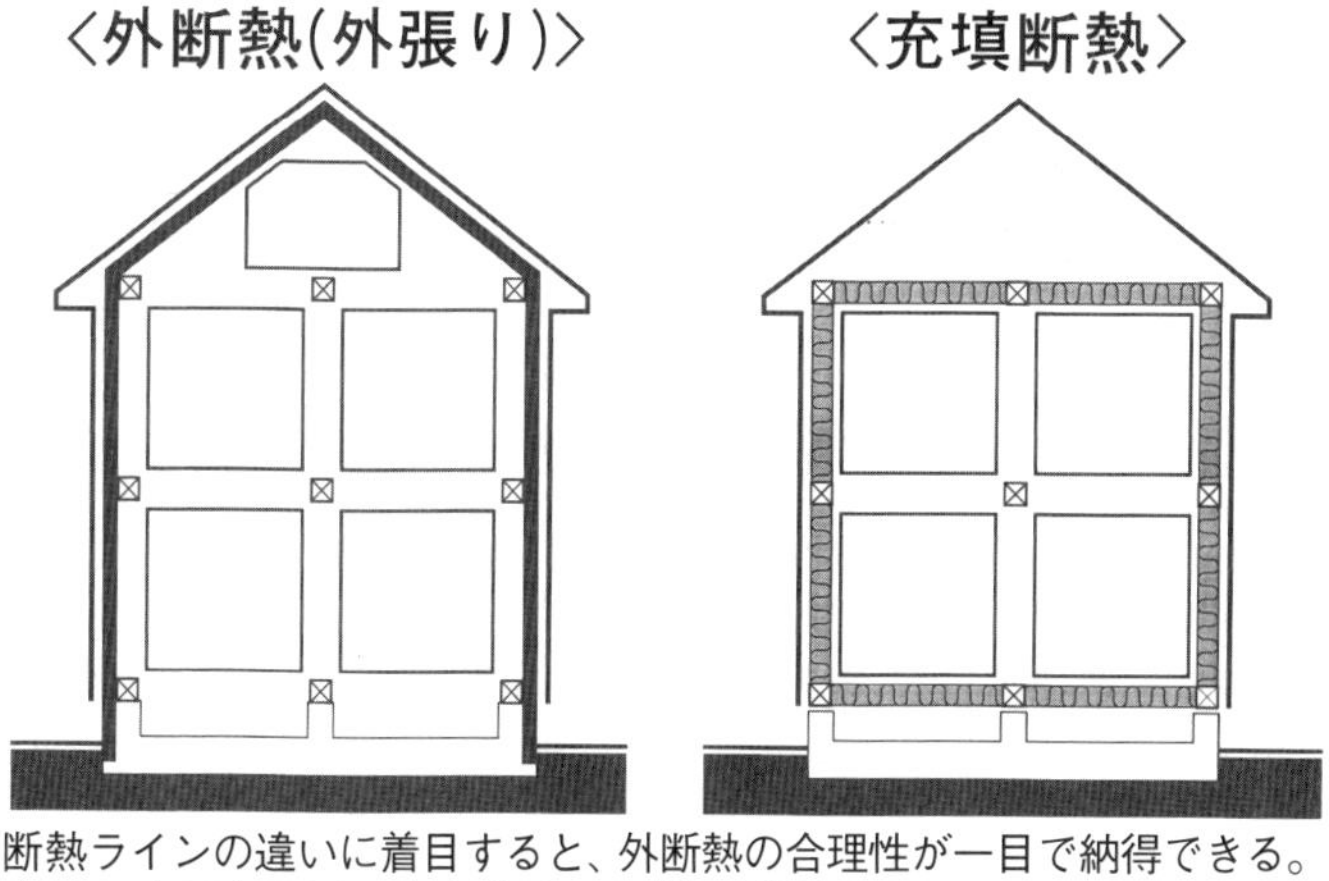

断熱ラインの違いに着目すると、外断熱の合理性が一目で納得できる。
床下、小屋裏、壁の中を室内と同様に利用できるか否か。
構造内部に断熱ラインを設けるということは、内部結露が発生する危険を容認したということになる。

工法の家づくりでは、冷暖房の方法も換気の方法も家全体でという発想はなく、「人がいる空間を、いる時にだけ」という居室・間歇《かんけつ》的な思考法に陥らざるを得ない。後に述べる「ダクトレス換気」でもいいと考えるようになる。そうなると、住み心地は、まるで違ったものになってしまう。

これから読んでいかれるとお分かりになるが、住み心地の良い家を望むのであれば、構造・断熱・換気・冷暖房の方法は一連のものとして考えることが大事だ。ここが理解できないことには住み心地の良い家を手に入れることは不可能だ。ネットで検索し、住宅展示場をいくら熱心に見歩いても、一連とする家づくりは見当たらない。お客様が積極的に望むこともなく、手間が掛かり、利益が薄くなるものを、量産住宅の造り手たちが手掛けるわけがないからだ。

私は20年前に、造り手が勝手に決める断熱の方法について、その不合理さを『いい家』が欲しい。」で世に訴えた。しかし、多くの造り手たちは、いまも断熱の方法だけでなく、構造も換気も冷暖房も自分たちの都合が良いように選択し続けている。その結果、住み心地を二の次にした家づくりが行われ、前に述べたように国の主導の下、「ゼロ・エネルギー・ハウス」こそが、最善のものだという考えが主流になっている。

はじめにお断りしておくが、ここでお話しする断熱の方法は木造住宅に限るものである。木造の場合、「外断熱」とは言わず「外張《そとば》り断熱」と言うことは承知の上で、「ソトダンネツ」と言う理由は、拙著「『いい家』が欲しい。」をきっかけとして、その方が通りがいいからである。

また、この本は断熱地域区分の4～7地域（津軽海峡以南の温暖地）を対象にして書かれていることをご承知置きいただきたい。

なぜ、「外断熱」を薦めるのか？

外断熱の15のメリットについて知っていただこう。これこそが住み心地を第一に考える造り手が選択する必須の断熱方法であることがお分かりいただけるに違いない。

ただし、基礎を外断熱するには、シロアリ対策が絶対条件である。

①基礎を含め構造体を外側から包むので、断熱ラインが不連続にならない。充填断熱では、基礎・土台・柱・桁《けた》などで断熱ラインが分断されてしまうだけでなく、それらがヒートブリッジ（熱橋《ねっきょう》）となってしまう

②基礎、壁、屋根の構造体が断熱ラインの室内側にあるので、床下・壁の中・小屋裏に内部結露の原因となる温度差が生じない

③隙間を無くすこと（高気密化）が簡単。充填断熱では必須となる防湿・気密工事が必要なく、壁の上下の気流止め工事も必要ない

④床下、小屋裏が室内と同じような快適利用空間になる。床下断熱・天井断熱では、それらの部位は外と同じ環境になってしまう

⑤換気装置を小屋裏に設置できて、ダクティング（ダクト工事）が断熱材に邪魔されず自在にできる。つまり、センターダクト換気システムを導入できる。住み心地の質を向上させるには、後述の「ダクトレス換気」のような簡易なものでは役に立たない

板状断熱材を用いた外断熱（外張り断熱）工法。断熱工事が終わると構造材は外側からは見えなくなる。断熱ラインが連続し、気密性も確保される。

グラスウール断熱材を用いた充填断熱工法。木部はすべて熱橋となり、断熱ラインが途切れている。防湿・気密工事がずさんな例。

⑥家全体の調湿作用と熱容量が増加し、住み心地の向上に役立つ
⑦構造体内部、とくに床下の換気ができる
⑧付加（ダブル）断熱をしても、充填断熱の欠点が生じない
⑨雨や湿気の侵入を防ぎ、万一雨漏りしても発見が早くでき、対処がしやすい
⑩都市型洪水などで床まで浸水した場合の事後処置が、充填断熱と比べてはるかにしやすい
⑪床下、壁の中、小屋裏の点検・メンテナンスが簡単にできる
⑫断熱工事が終わり、窓が取り付けられると、風雨の被害を受けなくなるだけでなく、室内作業環境が良好になると同時に、近隣に音の迷惑を掛けないで済む
⑬構造材が乾燥状態を維持できるので耐久性が高まり、夏型結露の心配もなく家の寿命が延びる
⑭施工の精度が目視で確認できるので、大工、職人のモチベーションが高まる
⑮断熱材の分離解体・リサイクルが容易である

「充填断熱」との違い

①～⑤のメリットがあるかないかが「外断熱」と「充填断熱」との決定的な違いだ。とくに②と③が重要である。

②は、「基礎、壁、屋根の構造体が断熱ラインの室内側におさまるので、床下・壁の中・天井裏に内部結露の原因となる温度差が生じない」ということだが、「充填断熱」では、冬場、日常生活において室内側で発生する大量の水蒸気は、床下・壁の中・天井裏に入り込むと冷えたところで結露する。この「内部結露」が生ずる状態が続くと家が腐る。とくに、屋根下地板で発生する結露は深刻であり、20年前に拙著「『いい家』が欲しい。」はその被害状況写真を添えて警告した。つい最近でも、２０１９年3月号の「日経ホームビルダー」が特集記事を掲載しているのだから、これから建てる家にもその可能性は十分あるはずだ。

それを防ぐには厚さ0.2㎜ほどの防湿層（ポリスチレンフィルム）で断熱層全体を包み込む作業が必要となる。ベーパーバリアの構築だ。施工は慎重に、入念に、確実に行わなければならない。釘の穴程度でも、結露による被害は発生してしまうのだから、そこでは完璧な施工が求められる。

充填断熱工法の不都合な真実

③の「隙間を無くすこと（高気密化）」が簡単。充填断熱では必須となる壁の上下の気流止め工事が必要ない」ことも外断熱の大きなメリットだ。
断熱材は、乾燥した空気を固定することにより、はじめて性能を発揮するのだから、湿気を帯びたり、空気が流れてしまうのでは、設計上の数値がいくら良くても絵に描いた餅でしかない。外壁と内壁のあいだには、柱の太さ分の空間がある。充填断熱工法は、そこにグラスウールに代表される断熱材を詰め込む。しかし、暖かい家にはならないとすると、暖房時に壁の中に気流が生じているからだ。

住んでから、どうも断熱効果が弱いのではないかと感じるとしたら、気流止め工事がいい加減に行われた可能性が高い。しかし、工事をやり直すことは不

〔充填断熱工法〕

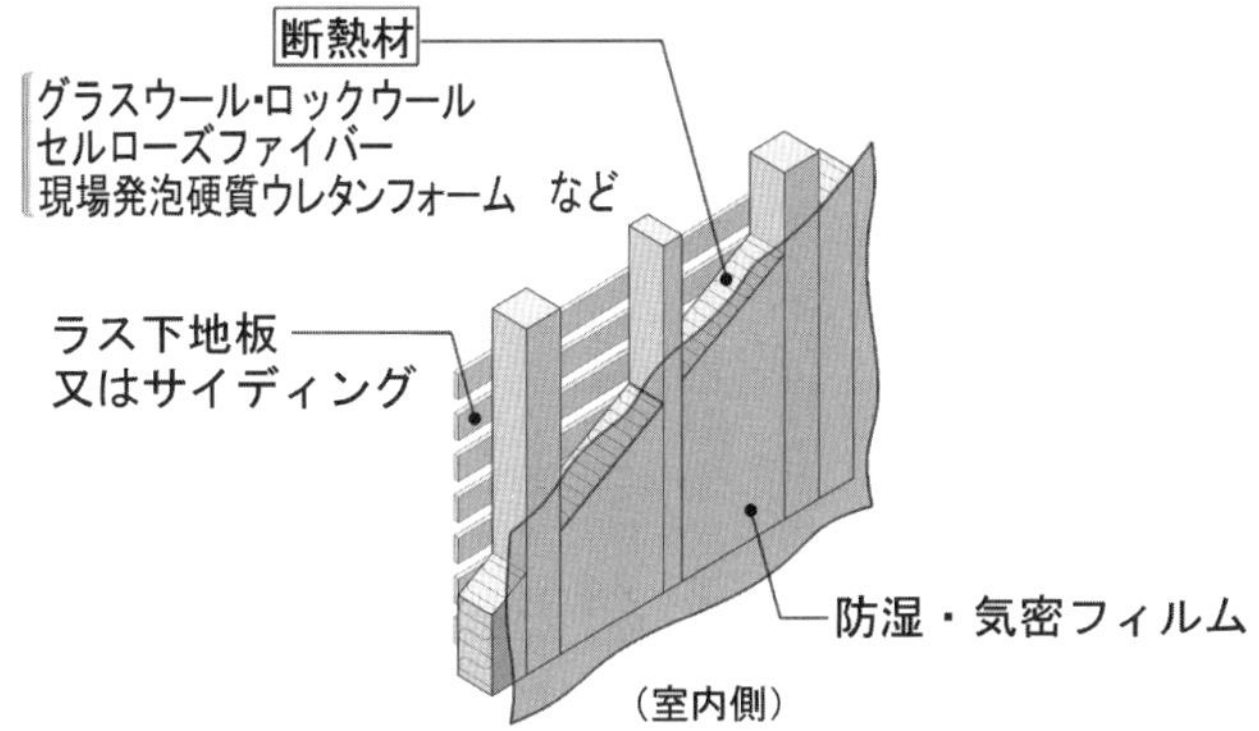

〔外断熱（外張り）工法〕

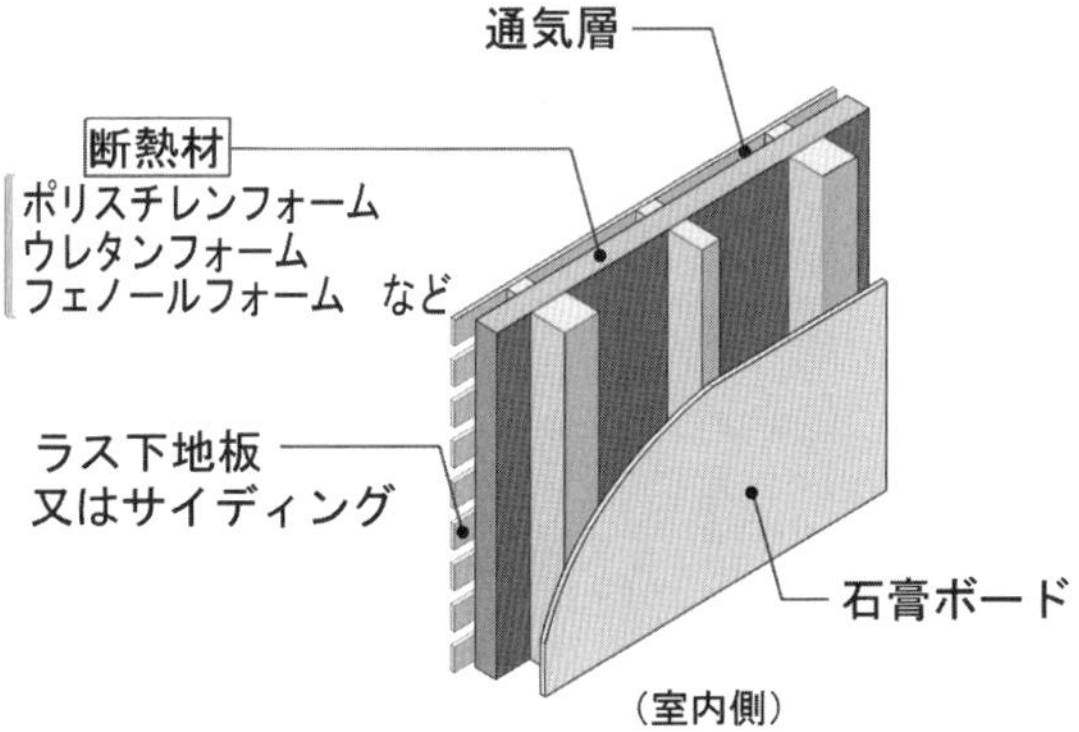

可能に近いし、施工不良を証明するのも難しい。これからの高性能な家では、以前は問題にもしなかった「ちょっと寒い」がストレスになることを知っておいて損はない。

断熱工事が終わった段階で気密測定（隙間の大きさを測定機で測る）をしてみると分かることだが、外断熱の場合、施工の精度を判断できる。しかし、充填断熱の場合は防湿気密層の施工の精度は分かっても、気流止めの精度は住んでみないことにはまったくわからない。そのわけは、壁の内部の気密は測定できないからだ。これは、充填断熱工法の不都合な真実だ。グラスウール断熱材を用いる充填断熱工法の施工マニュアルをご覧になるといい。そこに述べられているうんざりするほどの複雑な作業内容を、いったい誰が完璧にやってくれるのかを想像してみて欲しい。

施工が完璧に行われたかどうかを確認する手立てがない工法に比べて、外断熱をするのがいかに賢明なことなのか、あなたは理解するに違いない。

小屋裏利用ができないのは大損住宅

外断熱のメリットの⑤に、「換気装置を小屋裏に設置できて、ダクティングが断熱材に邪魔されず自在にできる。つまり、本格的な換気システムを導入できる」点を挙げたが、上質な住み心地を得るにはそれは絶対条件だ。

小屋裏利用は、法律的には二階（平屋も可）の床面積の二分の一未満の広さで、天井高1.4m以下と制限されている。なぜ高さを制限しなければならないのかはさておくとして、本格的な機械換気を望むのであれば、実に有効かつ有益なスペースとなる。センターダクト方式に打ってつけだ。換気装置を設置するだけでなく、収納スペースとして大いに利用できるのも魅力だ。「涼温な家」は、床下も快適空間として利用できる。

天井断熱（充填断熱の家のほとんど）では、このメリットがないどころか、小屋裏も床下も外と同じ環境だ。屋根から床下までは自分の家なのに、前に述べたように約25%もの空間が利用できないのはあまりにも損だ。それが、造る側の都合で断熱の方法が決められた、その結果なのだから馬鹿げた話だ。この不都合な真実について、造る側には説明責任が求められるべきである。

充填断熱工法でも屋根断熱をして小屋裏を利用することはできるが、防湿・気密層の施工が難しく、前に述べた屋根下地板の結露による腐食のリスクが高い。

「どっちでも同じだ！」

「詭弁《きべん》」という言葉がある。一見正しそうに見えるが実は成り立たない議論をいう。

「外断熱・充填断熱、それはどっちでも同じだよ。施工さえきちんとすれば」ある学者が言い出したこの見解は、住宅業界だけでなく、ネット上でも通説となっているが、正に詭弁である。

まるで異なる方法なのに、性能（外皮平均熱貫流率＝UA値／0に近い値ほど優れる）の数値が同じであれば、外から張ろうが、内に充填しようが効果として同じだと言うのだから。「施工さえきちんとやれば」とは、完璧な施工を行えばということだ。現実には、グラスウール充填断熱工法の施工マニュアルどおりの工事は複雑で厄介過ぎる。気密性を確保し、内部結露を発生させないためには、外断熱の方がはるかに施工が簡単で安全だ。

「外断熱」の施工のまずさはその場で露見するが、「充填断熱」では、それが分からない。室内側で行われているし、防湿層があるために内部結露や雨漏りによる被害という最悪の事態は、住んでからも発生に気付けない。先に述べたように住み心地に大きく影響する気流止め工事の精度は、目視でしか確認できないのだ。気流そのものは目視できない。

「施工さえきちんとやれば」と言うのは簡単だが、実際に施工する人の苦労を軽視するものである。机上の計算と違って、現場での作業を完璧に行うのは難しいという認識が大事である。「どっちでも同じだ」という人は、現場を知らないし、内部結露のリスクを軽視しており、住み心地の質に無頓着なのだ。

充填断熱を薦める人たちは、このような不合理には目をつむって二つの点で「外断熱」を否定する。

一つは、「外断熱」が火事に危ないというのである。もう一つは、断熱性能的に時代遅れだという。

「外断熱が危ない！」

室蘭工業大学の鎌田紀彦名誉教授は、自称「グラスウール充填工法派」であり、その一番弟子が「『外断熱』が危ない！』の著者・西方里見さんであると言われている。

鎌田さんは、『本音のエコハウス』（株式会社エクスナレッジ・二〇一八年七月二三日発行）という最新の著書で、二〇〇六年に秋田県で発生した住宅火災について詳述している。

「外張り工法住宅が初めて北海道で建設されて以来約二〇年を経て、われわれが初めて確認した事例であった。ここに、その状況を報告したい。」とし、燃えさかる火災を伝えるテレビの写真、死亡した家族の写真（当時の新聞報道）まで載せて、火災の恐ろしさを強調している。

火災の原因は、夜中にテレビを見ながらご主人が吸ったタバコの不始末のようで、夫婦と娘さんと祖母の四人が亡くなった。いずれも死因は、一酸化炭素中毒であった。

鎌田さんの解説を読んで分かったことは、この住宅は法令違反の手抜き工事が行われていて、火は容易に壁の中、屋根裏の断熱材に到達できる、極めて危険な工事だったということである。外張り工法の防火構造の要件を満たしていないものだった。

そもそも、火事が発生した場合、初期消火に努めるのは当然だが、火力が増して、壁の中や天井の中にまで炎が入った場合には、断熱材の種類、工法は問わず、一時も早く外へ逃げ出すべきだ。

逃げ出せないほど断熱材に達する火のまわりが速かったとするならば、室内に、故意・過失が問題となるような可燃性の物があったということになるから、「外断熱は危ない！」は的外れの意見だ。

二〇一七年六月一四日に発生した「ロンドン高層住宅火災」の場合にも、鎌田グループは、盛んに「外断熱は危ない！」を連呼した。後日の調査では、これもまた法令違反のずさんな欠陥工事が原因だったとのことだ。

これは、延焼の場合だが、類焼（もらい火）の危険についても、「そもそも、火災に弱い木造住宅に大量の可燃性断熱材を使うこと自体、不思議なことである」と、木造建築の存在自体を否定するような暴論を展開している。

しかしながら、合法的に造られた「外断熱」の家であるなら、簡単には類焼することはない。外側の通気層に火が入るに至った火災の場合は、地を這うような猛火となっているのだから、コンクリート造の家であっても被害は免れないに違いない。

外断熱の家は
火事に弱いのだろうか？

隣家が全焼した！

外装材は黒焦げになったが、断熱材は何ともなかった。

●プラスチックサッシの外側は炭化したが内側はなんでもなく、ガラスを保持し続けた。（プライバシー保護のため内部を見えなくしてある。）

鎌田さんは、断熱強化策として「付加断熱」に触れ、「充填工法では躯体の厚さ以上に断熱材を厚くするのは手間もコストも膨大になってしまう。だから、最も手軽なのは外張りすることであろう」と、「外断熱」のメリットにも触れている。

発生確率から言って火災以上に大きなリスクとなるのはシロアリだ。「外断熱」も、「充填断熱」もシロアリ対策を怠ってはならない。日本一の「エコハウス」であろうと、「震度7に60回耐える家」であろうと、シロアリは容赦ない。シロアリに喰われ傾く家に住んでみると、その恐ろしさに震える思いがする。シロアリは、結露で濡れた木材を驚くべき速さで侵食してしまう。

火災は、住む人の不注意がなければまず心配ないが、内部結露は注意のしようがない。火災はニュースで取り上げられるが、内部結露で腐り、シロアリに喰われて家が傾いてもニュースにはならない。肝心な断熱の方法を、造る側の都合に委ねたことを悔やみつつ、高額な修繕費用を負担するしかないのだ。

「涼温な家」の「基礎外断熱」については、薬剤を使わない物理的なシロアリ対策（特許MP工法）を講ずることができる。

「外断熱」は、もう古い？

住宅の省エネ基準適合義務化が見送りになった。

二〇二〇年には「平成28年省エネ基準」が義務化となり、適合しない建物は建築許可が下りなくなるとされてきたのに何故なのか？

義務化を絶好の商機としてきた先進の工務店（スーパー工務店ともいう）からは不満の声が上がっている。彼らは義務化が想定されていた「次世代省エネ基準」では低すぎるとし、世界で一番高いとされているドイツの「パッシブハウス」基準を目指してきただけにその落胆ぶりは大きい。

数値で明確化できる断熱競争の順位を、ひとつでも上げることは営業的には大いに意味を持つと先進の工務店は考えてきたからだ。大手ハウスメーカーである一条工務店が誇る「ダントツの断熱性能」に負けまいと懸命だった。

それには、断熱材の厚みを増すことだ、と各社は考えたようである。

「ドイツでは、40㎝もある」というような情報が飛び交う。ここから「厚さに制限がある外断熱はダメ。もう古い」などという決め付け論が勢いを増したのであった。

しかし、このようにして造る側が断熱性能を競い合い、表彰状をもらったとしても、それは設計時のものであって、住んでみて数値の違いを実感できるというものではない。ほとんどの造り手は、実際には住んだ経験がないから、「ダントツの断熱性能」でありながら「全館床暖房」を標準装備とする家づくりの矛盾にも気付かない。寒い家に住んでいた人には夢の床暖房も、住み心地の質を高めるのには、さほど役立たない設備である。

一方で、このまま競争が激化して、オーバースペック（過剰性能）と自他ともに認めるような性能が、住む側にとってどれほどのメリットをもたらすのだろうか、と疑問視する声が高まってきていたのは確かだ。

断熱性能を高めれば、一次消費エネルギー、分かりやすく言えば家の燃費の向上になるのは確かだが、住み心地が良くなるというものではない。

この真実を国が知って義務化を見送ったわけではないだろうが、鉄骨系プレハブメーカーからの圧力が大きかったのだという見方もある。

恥ずべき時代

創業して10年ほどが過ぎた一九八三年の暮れの寒い日に、50坪ほどの大きさの注文住宅をお引き渡しした。完成祝いには、大工さん、職人さんたちも招かれて、奥さんの手料理をいただいた。

自宅から歩いて30分ぐらいの距離だったので、私は星空を眺めつつ幸せな気分で帰った。

翌朝だった。奥さんからただならない声の電話をもらった。

「大変です！　二階の北側の押し入れで雨漏りしています」

飛んで行って二階に上がると、押し入れの中から出した真新しい布団が目に入った。奥さんの指差す押入れの中を見て私は絶句した。

壁がびしょ濡れになっていた。

昨夜は、たしかに星空だった。押し入れの中に水道管はない。いったいこれはどういうことなのか？　窓ガラスなら結露だと分かるが、押し入れのベニヤ板だ。断熱材もしっかり入れたはずだ。奥さんの質問に答えられない。原因が分からないので謝りようもない。濡れた布団をベランダに干すのを手伝いながら、足は震えていた。

当時は、そんな時、とっさにネットで検索するような手立てもない。

私は、困ったときによく相談をしていた先輩の工務店主を訪ねた。

先輩は、結露はベニヤ板でも起こると教えてくれた。ではどうしたら良いのか。

「それは分からない。仕方がないことなのだ。扇風機を回しておくと結露しないという人もいる」とのことだった。

そして、このような話を続けた。

「松井さん、あなたはすごいなー。新築の注文が取れるなんて。私のところでは、修繕依頼の仕事ばかりだよ。それも、大手ハウスメーカーの尻ぬぐいばかりでね。大手は、厄介な問題が起こると簡単に客を投げてしまう。そんなお客さんが救いを求めて、相談に来るのだが、最近多いのが結露だ。中には、三年もしないうちに腐ってしまう家もある。一週間ほど前に相談に来た人の家では、新築したばかりなのに二階の天井からポタポタと雨漏りの音がする。メーカーの営業マンに来てもらったら、雨漏りではないと言われ、では何なのかと問い詰めたら、大工がやってきて、これは屋根の下地板に発生する結露で、自然現象だから心配はない。春になればなくなると言われたそうだ。

このまま放置しておいて大丈夫なのかと質問されたが、私にも予想がつかず答えようがなかった。

どうもアルミサッシが普及し、断熱材を入れるようになってからこのような結露の問題が起こるようになったのは確かだと思うが、まあ、仕事が増えるからありがたいけどね。ハウスメーカーにドンドン建ててもらって、腐った家の修繕で工務店は儲けさせてもらう。松井さんのところも、そのうち修繕依頼が増えるようになるだろう」。

大工上がりの初老の先輩は、自嘲的に話を締めくくった。話を聞き終わったとき、私の心には怒りが燃え上がった。「腐る家」を造って金儲けするようなことは絶対に許されないと。それ以後、私は結露対策の勉強に没頭することになった。そして、結露には目に見えるところで発生する「表面結露」と、目には見えないところ（床下・壁の中・屋根裏）で発生する「内部結露」とがあって、後者の場合は、木材が腐るだけではなく、必ずといってよいほどシロアリの被害を継続的に受けることになるということを知った。だが、「気流止め」の大事さには気付いていなかった。

（この当時の家づくりの実態と、それを報じた日本経済新聞の特集記事「家が腐る」については、「『いい家』が欲しい。」第三章に詳述した）

内部結露との戦い

その頃、「内部結露は、こうすれば防げる」という触れ込みの営業マンがやって来た。彼はV字型の金網を手に説明した。

「壁の中にグラスウール断熱材を押し込んでしまうために、空気の流れがなくなって結露が生ずるのだから、弊社が開発したこの金網を先に張っておいて、そこに押し込めば、かならず空気が流れ結露は発生しなくなる」という。

ちょうど、断熱工事に入る現場があったので、早速注文して試してみることにした。大工に相談すると、そんなものを使ったってお客様は評価してくれないだろうし、手間代だってもらえるわけがなかろうと言って取り合ってくれない。そもそも、断熱材を入れる工務店など珍しいのだからと、彼はもっと手間代をもらいたいと言わんばかりだった。

明日は用事があって現場を空けるというのを幸いに、私は一人で作業に取り掛かった。やってみると、営業マンの説明のようには簡単にいかなかった。適当な大きさにカットするのにえらく手間取り、金網の切り口が手に刺さった。午後4時過ぎになって、一階の外周の壁にほとんど張り終えたところに電気屋が入ってきた。

「社長、いったい何してんの？」事情を聞いてから、彼は大きくため息をついて冷ややかに言った。

「こんなものが入っているところに配線工事はできませんよ。電線が金網に刺さってショートしたら火事になるからね」と。

戸惑っている私に、彼は容赦なく質問を浴びせてきた。

「社長、結露対策と火事対策とどっちが大事ですか？」

当時、工務店主のほとんどは大工からの叩き上げだったので、私のような大学卒は、はなから軽く見られていた。現場でのこのような問答が、「いい家」を造る発奮のエネルギーになったことは間違いない。

私が「通気工法」を選択したのは、この一件があったことが大きな要因でもあった。

「建ててしまった人」

内部結露の解決策が得られないまま、一九八九年に、築20年になる無断熱の自宅をグラスウール充填工法で建て替えた。仕事がなかった時期であり、人柄のいい大工さんをなんとかつなぎ留めておくために自宅の建て替えを決断したのだった。しかし当時は先に述べた「気流止め」の知識も経験もなかったので、夏は暑く、冬は寒く、カビ臭い家に住むことになった。

自宅を建て替えていた頃、北海道では前述の鎌田教授が「シート気密工法」という「気流止め」策を考案していた。

翌年の一九九〇年、第二章の「通気工法」の不都合な真実で詳述する「外断熱・二重通気工法」と出合った。自宅を充填工法で建ててしまっていた私は、大きなショックを受けた。

後に「『いい家』が欲しい。」を出版するとき、「建ててしまった人は、読まないでください。ショックを受けますから」というキャッチコピーを付けたのだが、これはそのときの私の気持ちそのものだった。あと一年早く出合っていれば、自宅が「外断熱の家」になっていたのは間違いない。

私は充填断熱工法の家で暮らしながら、「これからは『外断熱の家』しか建てない」と宣言したのだった。翌年の1991年、最初の家を受注した。

現場に行くと、大工や職人が目を輝かせて「外断熱」の合理性を口々に語る。外断熱工事が終わり、玄関ドアと窓が付くと、自宅より冬は暖かく、夏は涼しく感じられることに何度感動させられたことか。お引き渡したお客様からは、住み心地のすばらしさを聞かされた。

しかし、「外断熱」での受注は思うように伸びなかった。松井祐三著「だから『いい家』を建てる。」を読むと、「外断熱」を普及させるために懸命な努力を傾けた時代が昨日のことのように思い出される。経営が苦しい時、現場へ行くと「この家づくりは正しい」と、どこからともなく励ましの言葉が聞こえてきた。とにかく100棟を造ろう、そして住んだお客様の感想をいただこう。それが達成されたら本を書こう。私は、好きだったゴルフもカラオケも止めて、家づくりに没頭した。

家づくりの革命

一九九九年、六〇歳のときに本を出版した。題名は、自分の願いをそのまま言葉に置き換えた。「いい家が欲しい」と。出版社での打ち合わせの席で「キャッチコピーについて、考えはありますか?」と問われたとき、「建ててしまった人は読まないでください。ショックを受けますから」というコピーが、一瞬にして浮かんだ。

ここで、第3章から一部を引いてみたい。ここは、充填断熱しか知らなかった時代の反省を込めて、自分に言い聞かせるつもりで書いた。

「断熱」の方法に関しては、なぜか真実を語る人が少ない。

「外断熱」「充填断熱」の違いを知らないで家造りを依頼することは、ブレーキとアクセルの違いも分からない人に車を運転させるようなものだ。

一九七三年（昭和四八年）に発生したオイルショック以来、省エネルギーの必要性が叫ばれ、津軽海峡以南でもグラスウール断熱材が使われるようになったのですが、期待された効果はほとんど得られませんでした。

断熱、気密が中途半端だったからです。とくに「気密」ということの必要性が理解されておらず、断熱材と隙間とが混在する家を、造り手だけでなく国も金融機関も「省エネルギー住宅」だと錯覚していたのです。

ためしに自分の家の天井裏に上がって、断熱材がどんな具合に施工されているか観察してみてください。袋詰めのグラスウール断熱材が敷き並べられていませんか。壁と屋根の接点の部分は隙間だらけで、「なるほど、これでは断熱効果が得られないわけだ」と納得されることでしょう。

充填断熱であろうと、外張り断熱であろうと、断熱するなら隙間をなくさなければなりません。言い換えますと、どんなに高性能な断熱材を用いても、隙間があってはなんにもならないのです。「断熱と気密は一体として扱わなければならない」、これが断熱の基本です。

このような当たり前のことを、今も分からないで家造りに携わっている人がいるのですが、一九九〇年以前には、大手ハウスメーカーをはじめ津軽海峡以南の造り手は知らなかったのです。

もっとも、国民のほとんどが風通しを大切にする開放型の家が一番住み良いと信じ切っていたのですから無理のないことだったのかもしれません。

冬を暖かく、夏を涼しく暮らすには、住む人に、窓の開け閉めと衣服と住まい方を工夫してもらい、造る側がやるべきことは、家を長持ちさせるために自然の風を床下、壁の中、小屋裏へと流すことでした。

そのためには、床下や小屋裏の換気口をできるだけ大きくして、頼まれたわけでもないのにできた無数の隙間を、自然換気のために役立つとして容認してきたのです。

ご承知のように、そういう家は窓を開けて車を走らせているようなもので、冷暖房を精いっぱい働かせても、暑いし寒いし、土埃や騒音はまともに入ってくるし、冷暖房エネルギーの浪費であり、住み心地は最悪です。

ところが、一九八〇年代に入って住宅先進国といわれる国々で普及が始まった高断熱・高気密の家造りの基本的な考えは違っていました。断熱材を厚くし、隙間による自然換気量をできるだけ少なくする、つまり気密性を高める。そうすれば、冷暖房の利きが良くなり、保温性に優れ、省エネルギーな家にすることができる。自然換気量が少なくなった分は、機械換気、それも省エネルギーに役立つ第一種熱交換型換気で24時間換気を行うというものでした。

まさに家造りの革命です。

「家づくりの革命」とは、大げさな表現と思われるだろうが、先述の「恥ずべき」家づくりしか知らなかった私にとって、先進国の家づくりは革命的なものに思えたのだ。住む人の幸せを心から願う家づくりを目指す限りは、高気密・高断熱化が必須であり、であれば「機械換気」を究めるのは当然であると道筋は分かったものの、1棟1棟造るたびに家づくりの難しさを思い知らされ続けた。とくに機械換気がそうだった。「これでいいのだろうか?」と、悩みながらの日々が続いた。

しかし9年後に、この悩みが、第二章で述べる換気の革命とも言える「新換気システム」の開発をもたらすこととなった。そして、さらに4年後には「涼温換気」へと進化させた。以後、その検証のために、住宅先進国と言われる諸国を、換気事情の調査に特化した旅を続け、付載で述べるように「いつの間にか日本は換気先進国になった」と、感慨を覚えることになったのだった。

数値論者は言う

数値論者たちは「外断熱」を否定する。断熱材を固定する都合上、自ずと厚さが制約されてしまうので必要な性能が得られないと言う。北海道で建てるのならそれは言えるだろうが、津軽海峡以南の断熱地域区分4～7地域ならば「外断熱」は十分に断熱性能を発揮できる。マイナス5度とか、40度に近い猛暑日となっても大丈夫である。

拙著『涼温な家』（創英社／三省堂書店）の住み心地体感ハウス（延べ床面積60坪／3階建て）が東京都小平市に建ててある。ポリスチレン断熱材を用い、壁は5㎝、屋根は3㎝＋4㎝の二層張りとし、屋根だけ10㎝厚のグラスウールを付加した。計算での断熱性能は、UA値0.55W／㎡K（以下、単位は省略）。HEAT20のG（グレード）1（UA値0.48）レベルにも届かない程度である。《「HEAT20」とは、民間で提案されている断熱性能推奨水準。グレードに1と2があってG2のレベルではUA値0.34（値が小さいほど良い）。ちなみに、住宅性能評価の省エネルギー等級の最高4は、小平市の場合はUA値0.87である。》

体感ハウスのこの断熱性能は、「涼温な家」の標準でこれ以上の断熱強化を求めるなら、さらに壁の中にも断熱材を付加することになる。計算上は違いが出るが、暖かさも涼しさも、体感的にはほとんど違いが分からない。このことは、後に「住み比べてこそ」のところでお話しするが、要約するとこういうことだ。UA値にこだわる数値論者にとっては不都合な真実であるが、一定のレベルを達成すると、「換気」と「冷暖房の方法」の組み合わせによる効果にこだわった方がはるかに住み心地は良くなる。言い換えれば、過剰な断熱性能は住み心地の質の向上にはプラスに作用しないのだ。

いずれにしても、数値にこだわるのであれば相当隙間面積（C値）である。体感ハウスは実測で0.3㎠／㎡（以下、単位は省略）。これも「涼温な家」の標準である。隙間は、百害あって一利なしだ。高気密に施工するには、「外断熱」の方がやりやすい。この損得をほとんどのお客様は知らないし、ましてや知らされてはいない。

断熱材の固定に関しては、釘で留めていた時代には多少ずれ下がる心配があったようだが、ビスを用いるようになってからは外壁をタイル張りしてもまったく問題ではなくなった。この事実も、数値論者にとっては不都合な真実だ。

「五つ星住宅」を信頼して良いのか？

数値論者たちが待ち望んでいたのが、住宅の燃費を星の数で表示するＢＥＬＳ（ベルス）、すなわち「建築物省エネルギー性能表示制度」である。

この制度は、給湯・冷暖房・換気・照明に消費する一次エネルギーに基準値を設け、それをどれだけ下回る設計にしたかを第三者機関が評価し認定するというものである。

基準値を１００％下回る設計ならゼロエネルギー、すなわち五つ星となる。それには、省エネ性能がトップランナーである最新設備を採用し、さらに太陽光発電が必要になる。

「ゼロ・エネルギー・ハウス」にしてもそうだが、このような制度や基準は、住み心地の質の向上を図るのではなく、CO_2排出削減という大義の下に最新設備と太陽光発電の販売促進を図るのが主な目的だという意見もある。

星の数は、家の燃費の目安にはなっても住み心地を評価するものではない。

このように省エネでしか住宅の価値を評価しない基準や制度に基づく家づくりが、住む人にとって本当に都合が良いものなのか、星の数で家づくりは「見える化」されたから信頼できるという意見を信じて大丈夫なのだろうか。

省エネ至上主義の時代

省エネ至上主義の時代の家づくりは、数値が絶対にものを言う。数値なくしては成り立たないからだ。国は、メディアをとおして「省エネ性の良し悪しが、住宅の価値を左右する」と、国民を啓蒙している。つまり、「ゼロ・エネルギー・ハウス」が最高の家であるというコンセンサスをつくり上げたいのだ。

経済産業省資源エネルギー庁のホームページには、「快適性に優れた住宅（ZEH）について」と題して、こんなことが書かれている。「ZEHは断熱性能に優れた住宅です。断熱性能が優れている住宅は、家中の温度差が小さくなり、結露やカビの発生を抑えると共に、室温の差による体への負担が小さくなるため、健康で快適に過ごすことができるとの指摘があります」と。肝心なことは「指摘があります」としているのだが、10年ほど前から、これを裏付けるような調査研究の発表が増えている。断熱性能に著しく劣る一時代前の家で、部屋だけ冷暖房していた時代の住人と、高気密・高断熱に造られた家の住人の血圧の変動比較をグラフ化して、省エネ性を高めると健康維持・増進に役立つから住宅の価値が増大すると結論付ける学者もいる。それらを援用して、自社の「ZEH」を正当化する造り手も目立つようになった。

しかし、学者のレポートに目を通してみると、省エネで冷暖房の効きがいい、つまり断熱効果が良くなるから快適であるとしているのであって、住み心地を左右する空気感については何も触れられていない。

その人たちにとっては、極めて不都合な真実は、「住み心地は、省エネルギー性能に比例して良くなるとは限らない」ということだ。住んでみるとよく分かることは、住み心地を決めるのは空気感なのである。この空気感を判別するには、省エネ性能の良し悪しを比較しても無駄である。必要なのは、数値ではなく感性だ。

「涼温な家」を選択された方のほとんどが、体感して『直感的にこれはいい』と判断した、と言われている。空気感が肌に合い、空気を気持ちよく感じたからだと。

教科書的な住宅本を読んで知識を深め、ネットで性能比較をしてみても、住宅の真価に気づくことは難しい。それよりも、想像力と感性を磨くことが大事である。残念なことに、住宅の真価を知らずして一生を終えてしまう人はあまりにも多い。しかし、これまでの家づくりでは感性の磨きようがなかったことも事実である。これからの時代、感性で語られる家づくり論こそもっと重要視すべきだ。

「数えられるものがすべて重要ではないし、重要なものすべてが数えられるわけではない」と、アインシュタインは言ったそうだが、温かさ、涼しさ、空気の気持ち良さ、言い換えれば「住み心地の質」というものはまさにそうで、燃費を競い、温度・湿度をグラフ化したところでナンセンスである。この本が、温度・湿度のグラフを表示しないのは、ある日のある家の温熱環境を知ったところで意味がないからだ。

とは言っても、「感性」はあまりにも感覚的で、情緒的すぎると戸惑う人も多いはずだ。

涼温な家「住み心地体感ハウス」

そこで必要なのは、住んでからしか分からない住み心地を、住む前に体感できる家である。住み心地が、住宅のいちばん大切な価値と、本を読んで納得したとしても、建てる前にその住み心地を体感してみたいと誰もが思うはずだ。その願いを叶えるのが、「住み心地体感ハウス」である。

お客様に、理論や数値を並べ立て、デザインやインテリア、自然素材や家具調度品を見せるためではなく、目に見えない「住み心地」という価値を体感して肌で確認してもらうための家である。

住み心地を確認して建てるからには、それは保証されなければならない。保証には改善の約束が当然含まれなければならない。「涼温な家」は、ご家族の感受性に合うように調整をすることが可能である。量産住宅の造り手たちは、絶対に住み心地を保証してはくれない。いや、できないのだ。

この私の考えに賛同して、「『いい家』をつくる会」の工務店が「住み心地体感ハウス」を各地に建てている。みんな、拙著「『いい家』が欲しい。」を読んで、住み心地という価値に目覚め、実証してみたくなったのだ。自宅を「涼温な家」に建て替えたり、リフォームしたり、新築した工務店主も大工・職人・社員もいる。

「いい家」をつくる会とは、拙著「『いい家』が欲しい。」の精神に則り、住む人の幸せを心から願うという信条を共有し、「住み心地いちばん」の家づくりを約束する工務店（断熱区域4～7に限る）が、インターネット「ii-ie.com で検索」上に結成した会である。

「住み心地体感ハウス」を体感ご希望の方は、ii-ie.comに紹介している会員か、左記へお申込みください。

「いい家」をつくる会事務局
〒187－0011
東京都小平市鈴木町2－221－3（マツミハウジング株式会社内）
フリーダイヤル　0120－04－1230
電話　042－467－4123
FAX　042－467－4125
（毎週水曜日定休）

第二章　住み心地を決めるのは？

住み心地という視点に立つと、家づくりの全てが違って見えて来る。住み心地の質を決めるものは、断熱の方法も大事だが、換気と冷暖房の方法なのである。建てる前に、この真実に気づいた人は幸せだ。

空調・換気には実にさまざまな要素の問題が絡み合っていて、学術的にもたいへん難しい分野だとされている。

外気の取り入れ方、熱交換の有無、ダクトの用い方、給気・排気の条件や、人体・照明・機器の発熱、生活の排熱、そして断熱性能や日射の影響、輻射熱、ペリメーターゾーン、臭いや音や気流など実に多くの条件を考慮して語られるべきことであり、学者や専門家の意見も多岐に分かれている。だから、住み心地という視点からだけで語るのは乱暴であると批判されるのは十分承知している。

しかし、どんなに優れた理論や技術であっても、結果的に住み心地の質を高めるのに役立たなければ意味がない。

第三種換気の不都合な真実

住み心地を重要視しない造り手たちは、二つの選択を薦める。一つは「窓開け換気」、後に述べる「風の抜ける家」である。もう一つは、自然素材派が薦める「自然換気」なのだが、風圧と温度差がない場合には効果が得られない。両方とも、極めて非科学的で情緒的だ。

法律を持ち出すまでもなく、高気密に造られる家では、住む人の健康のために機械換気の選択は必須である。重要なことは、健康に役立って、なおかつ住み心地を良くするためには何を選択すべきか、なのである。しかしながら、読み進めていただくとお分かりになるが、換気装置の選択によって住み心地は変わるけれども、それだけでは質的な向上は得られない。この事実を知っている造り手は極めて少ない。ほとんどの住宅本は、たとえ学者や専門家が書いたものであっても、換気の解説はしているが、住み心地との関連については何も触れていない。

機械換気には、第一種・第二種・第三種があり、給気と排気の両方にモーターを使う第一種には、温度だけを交換する「顕熱方式」と、湿度も交換できる「全熱方式」がある。

第二種は住宅には稀にしか使われていない。一番多く使われているのが第三種で、排気にモーターを使い、給気は壁に開けた穴から行う。

津軽海峡以南の気候特性、すなわち夏の高温多湿、冬の低温少湿を考えれば第一種全熱交換型が一番合理的であることは確かだ。

私が高気密・高断熱の家づくりに取り組み始めた一九九〇年代初頭には、工務店主は誰しもそうだったのだが、断熱の方法と換気の方法の選択に悩んでいた。断熱の方法は、迷わず「外断熱」を選択したが、換気の方法が分からなかった。換気の専門メーカーの講習会に参加し、専門書を買い込んで猛勉強してみたが結論が出ない。

そんなときに、住宅評論家として名高いたいへん説得力のある一人の人物に出会った。私の迷いを聞いて、その人は教えてくれた。


理想としては第一種なのだが、三つの心配がある。一つは給気ダクトの汚染対策がないこと。二つは、熱交換素子が生活臭と一緒にホルムアルデヒドのような化学物質をほんのわずかであっても室内にリターンさせてしまうこと。三つはメンテナンスが厄介であること。

熱交換素子の問題は、技術開発によりいずれメーカーが解決してくれるだろうが、ダクトの汚染とメンテナンスの問題は施工側が責任を負わざるを得ない。

それらのことを考えると、確かに松井さんが心配するように第三種には不都合なことがあるが、工務店にとっては無難というかやむを得ない選択なのだ。計画換気がないまま、高気密の家を造ってはならないのだから。

私は、第三種を選択した。

結果的には、第三種の不都合な真実に目をつむったということになる。不都合な真実はいろいろあった。

冬、枕元に近い壁の吸気口から冷たい風が入ってくる。それ以上に気になるのは、音の浸入だ。風が強い時は、間断ない風切り音が気になった。

梅雨時や夏には湿気が、冬には乾燥した空気が入ってくる。花粉はフィルターで防げるとしても、そもそも間断なく侵入する外気はきれいなのだろうか？

第三種換気が必要とする吸気口は、常時窓を少し開けているのと同じなのだから、高気密・高断熱の家では矛盾する換気方式であることは確かだ。

だからといって、止めてしまったのでは「室内空気汚染」になるのは明らかで、結露の発生に悩まされることになってしまう。

二階に寝室を設ける家は多い。一階よりも二階は、吸気口からの空気の流入量が少なくなる。空気圧の状況によってはほとんど入ってこない場合もある。寝室の換気量が不足すると、CO_2濃度は安全の目安とされる１０００ppmを軽く超えてしまう。住人は熟睡したようでも疲れが取れない。

とくに次に述べる「通気工法」との組み合わせでは、換気がほとんど働かない場合が生ずる。これらのことに気付いたのは、二〇〇棟ほど建ててからだった。その後、建築棟数が増えるにつれて、第三種換気の不都合な真実を解決できない負い目もまた増え続けるのだった。

「通気工法」の不都合な真実

一部上場企業のカネカが１９８８年に開発した「外断熱・二重通気工法」（ソーラーサーキット）では、夏にはダンパーと称する床下換気口を開き、断熱材の室内側にできる壁の空洞（通気層）を利用して、床下の冷気を小屋裏へと流すことで熱だまりを解消できるとする。冬には閉じて気密を確保する。その期間は第三種機械換気を働かせるから、余分な水蒸気は排出されて内部結露の心配もなくなる。「内部結露との戦い」の項で書いたのだが、この一言は私をとりこにした。

さらに、まるで衣替えするように夏も冬も快適になると聞かされて、「外断熱」だけでも感動していた私は、その仕組みに魅了され「ソーラーサーキット」を選択したのだった。高温多湿に悩まされる気候の下では、夏は気密にするよりも、通気させることが大事だという論には説得力があった。学者の中にも、高気密・高断熱の家では、この「開ける」と「閉める」を高く評価する人もいた。

ところが実際に住んで試してみると、床下の冷気は小屋裏へと上昇しない。私の実験報告を聞いたカネカは、強力な換気扇を小屋裏に設置することにした。これによって、たしかに小屋裏の熱だまりは解消された。

数年もするとお客様の中から、ダンパー操作が面倒になったという声や、感受性の鋭い方からはダンパーの効果を疑問視する声が聞かれるようになった。カネカの対応は早かった。ダンパーにセンサーとモーターを組み込んで、温度変化で自動開閉する「ＳＣナビ」という装置を開発したのだ。早速、実証実験をしたところ、肝心な湿度に反応できないので、かえって住み心地を悪化させてしまう場合が多々あることが分かった。

ダンパーを開ければ、気密が失われると同時に機械換気の効果もなくなるのだから、住み心地は悪化する。これは正に「通気工法」の不都合な真実だ。こんな当たり前に、恥ずかしながら気付かなかった。

主婦の感性

だが、お客様の中に気付いた主婦が二人いた。一人は、「はじめに」で紹介した「さらに『いい家』を求めて」の著者・久保田紀子さんである。「ソーラーサーキットの家」である自宅のすぐ近くに建てた「住み心地体感ハウス」の管理をお願いしたところ、4年間住んだ自宅と住み比べを始めてまもなくこの真実に気づいたのである。もう一人の方は、住んで最初の夏に階段下に設けてある床下収納に物を取りに行ったとき、モワーッとした空気と共にカビの臭いを感じたのでよく観察してみると、ダンパーから入ってくる空気のせいだと言われた。つまり、地面に近い空気を吸い込むからだ。

カネカは、某大学に依頼した実証実験データを示し、通気工法の効果を理論的に解説してみせた。しかし、ダンパーを開くと、「空気感が悪くなる」という主婦の感性が指摘する疑問に対する答えにはならなかった。

その頃から、お客様の中には、ダンパーを閉じてエアコンを使う方がはるかに快適になると言われる方が年々増え続けていた。私もいろいろと実験を繰り返していたが、その事実を認めざるを得なくなり、カネカに提案した。

住み心地を良くするにはダンパーの開閉は止めて、機械換気に頼るのが最善だと。つまり、「通気工法」の否定である。住み心地を良くするアイディアがあるから共同開発をしようとする私の提案に、カネカの建材事業部は耳を貸そうとはしなかった。私は単独で新たなシステムの開発に取り組むことになった。


当時、カネカに対して喧嘩を売ったとか、背信行為だとか非難されたが、指定部材が売れることを最善とするか、「いい家」とはどうあるべきかの路線の対立があったのは事実である。

私は正直であることを選んだ。

正直とは、お客様と契約するときに最善と信じる工法、資材を選択することだ。何事も進歩するのだから、最善が次善になることもあるだろう。カネカとのあつれきはいろいろとあったが、私は信条を貫き通した。高速で走り続ける車で急ハンドルを切るような方向転換だったが、「いい家」をつくる会の会員の多くは賛同してくれた。当時、受注が多かった数社は「通気工法」の方が注文を取りやすいとして退会することとなった。

ネット上では、激しくバッシングされたが、お客様との信頼関係は強まりこそすれ弱まることはなかった。お一人だけ、抗議してこられた方がいたが、今では「涼温な家」への進化を心から喜んでくださっている。

拙著「『いい家』が欲しい。」は二〇〇八年一〇月に発行した改訂版で、「通気工法」の問題点を認め、後に述べる「新換気システム」への転換を宣言した。そして2010年に「新版」を発行した。

第一種全熱交換型換気に対する偏見

「第一種は給気と排気のために二つのモーターが必要だから、省エネにならず故障の確率が倍になる」、「全熱交換をすると生活臭や化学物質がリターンされてしまう」、「ダクトの清掃ができないから不衛生」、「運転音がうるさい」というような意見をまことしやかに語る人がいる。

このような意見は三〇年前に盛んに言われたのだが、今もネットではよく見られる。当時は正論に思えたが、実際に使ってみると考えを変えざるを得なくなった。

第三種は排気のためにだけダクトを必要とするが、第一種は給気のためのダクトも必要になるので、造り手の多くの本音はダクティングが厄介だということにある。

モーターを二個使うから故障の確率が倍になるという意見は論外として、全熱交換をするということは、エネルギーを回収できるのだから、省エネに役立つのは確かだ。モーター一個分の電気代は軽く節約できてしまう。（ＤＣモーターを使う最新のタイプはさらに節電になる）。

有害な化学物質が室内にリターンするとしたら、それらが室内にあるということ自体を問題にすべきだ。建材類から揮発する心配は、二〇〇三年に「シックハウスに関する法律」が施行されて以来なくなっているのだから。トイレの臭いのリターンなどはまったく気にならないし、換気装置の運転音が気になるということもない。

これらの事実を体験して、それまで第一種換気に対する偏見や先入観にとらわれていた自分の不勉強を痛感させられた。第一種全熱交換型換気を利用せずには、住み心地の質の向上は得られない。そう確信した私は、換気先進国と言われたカナダに飛んで、専門家に教えを請うた。しかし、通気工法の家に第一種換気を持ち込んでも、住み心地はよくならなかった。もっと、根本的な問題解決の必要があったのだ。

新換気（センターダクト方式）の登場

二〇〇八年になって、「通気工法」と第三種換気に関わる私の負い目はようやく解消されることになった。第一種全熱交換型換気を用いる「新換気システム」（＝センターダクト換気）の開発に成功したのだ。

生活してみて驚いたことは、第三種換気とでは言うまでもなく、第一種全熱交換型に替えた家とでも、空気の質感がまるで変わった。

「新換気システム」は、理詰めで開発されたものではない。第三種換気と「通気工法」の不都合を解決したい一心の私のヒラメキにより提案したもので、理論や計算は後追いだった。センターダクトを用いることで、「換気経路（空気の流れる道筋）を逆転」させた発想は、天啓のようなものだった。

風洞実験を繰り返していた当初は、誰もが効果を疑っていた。「体感ハウス」に組み込んで実際に空気を胸いっぱい吸ったとき、みんな感動の声を上げた。

この時の様子について、久保田紀子さんはその著書「さらに『いい家』を求めて」でこう触れている。

「玄関を入った瞬間、これまで味わったことがない空気を吸った。『なに、これ！』って思わず叫んだほどの感動は今も忘れられない。空気が実に気持ち良かったのだ。私は、生まれて初めて家の中の空気に感動した」。

換気というと給気をまず考えるものだが、私は、排気の方がより大事だと考えたのだ。人のいる場所は空気が淀みやすい。ならばそれを早く解消する必要がある。また人の呼吸と同じで、しっかり吐くことができれば、特別意識しなくても深く空気を吸える。換気を家の呼吸と考えると、「換気経路の逆転」の発想は当然のように浮かんできた。

日本工業大学小笠研究室と組んで、3年近くに渡って、換気回数・効率・効果、真菌の浮遊・付着、ハウスダスト・微小浮遊粉塵の動態、CO_2濃度などの測定を重ねながら改良を加え、「本システムは、居住域における換気性能が十分発揮されており、汚染除去に有効であることが確認された」という研究室の結論を得ることができた。

空気の質感が変わる要因のもう一つは、外からの空気の取入れ方にある。第三種は、それぞれの居室の壁に直径10㎝の穴が最少でも一個、40坪程度の家では少なくても五個は必要になる。面積にすると約３９０㎠。第一種は、直径15㎝の穴が一個である。しかも、穴の位置は小屋裏の壁にあればいい。

断熱ダクトで外から吸い込んだ空気は、まず外気浄化装置を通過してから第一種全熱交換型換気装置に入る。全熱交換された空気は、センターダクトに入るときはきれいになっている。第一種換気だと、室内の給気口の周辺の壁が汚れるという指摘があるが、それは外気浄化装置がないからだ。８年経過後のセンターダクト内部を白い布でふき取っても汚れはまったく付着しない。また、音が伝搬することもない。

「新換気」について、その開発を主導した松井祐三著「だから『いい家』を建てる。」から一部を引いた。

■機械換気が抱える問題点

第一種も第三種も、室内で最も空気が汚れている場所はトイレ・洗面所であるという前提で換気計画が行われている。

それらの場所はダーティーゾーン（汚い）と呼ばれ、排気口を設けるところとなっている。排気に見合う外からの空気は、第三種の場合はリビングや各居室の外部に面した壁に設けられた複数の給気口から入ってくる。

第一種の場合は、外壁の1ヵ所の吸気口から取り入れて、換気装置を通して、天井に這わされたダクトで、リビングや各居室の天井のグリルから給気される。いずれも、新鮮空気が供給されるところはクリーンゾーン（きれい）と呼ばれている。

空気は、クリーンゾーンからダーティーゾーンへと流れていく。これを「換気経路」といい、世界的にも常識とされている。

ちょっとイメージしてみよう。

いま、ある部屋で寝たきりの人のオムツの交換が行われている。これまでの換気だと、居室はクリーンゾーンという設定になるので、臭いは拡散しながらダーティーゾーンへと流れていく。

それはおかしくないだろうか？

臭いは発生源に近いところから速やかに排気すべきではないか。臭いが発生するところがダーティーゾーンなのである。ならば、そこに排気口があるべきだ。すなわち、換気の経路を逆転させなければならない。

それには、換気をゾーニング（区分け）という観点からではなく、人を中心にして考えてみなければならない。新鮮空気を必要とするのは人であり、空気を汚染するのも人なのだから。オムツ交換の臭いが拡散しない家に暮らせるならば、介護する人、される人、そして家族のストレスはどれほど軽減されることだろうか。

もう一つの例をイメージしてみたい。

インフルエンザに罹って、子供が部屋のベッドで激しくくしゃみと咳をしている。これまでの換気の経路だとウイルスは廊下に拡散し、汚染を拡大しながらトイレか、洗面所の排気口に流れていく。そうなると、家族に感染する確率がたいへん高まってしまう。

このような不合理を改善するにはどうしたらよいのか、それを解決する画期的な提案として考案されたのが「新換気」システム（CD－HEV）である。（以下「新換気システム」という）

■世界の常識を変える新しい換気の考え方

「新換気システム」とは、セントラルダクト・ヘルシー・エコ・ベンチレーションのことである。

建物の中央付近に設けられた耐火仕様のセンターシャフトには、小屋裏に設置された換気装置本体と床下を結ぶ垂直のダクトが納められていて、各フロアーに設けられた給気口から空気が供給される。

排気は従来の考えとは逆に、部屋の外周に近い天井から行われる。住む人に新鮮な空気を確実に与えつつ、人やペットが発する二酸化炭素や臭い、ハウスダストなどを拡散させずに発生源に近いところから排出してしまう。給気口から排気口への空気の流れ具合を、レーザー可視化カメラで撮影した動画でご覧いただくと、お客様は驚きの声を発する。

ダクトの径は20センチと25センチの2種類あり、建物の規模によっては2本使う。木造3階建てや地下室にも対応できる。音の伝搬を心配する声もあるが、住んでみて、気になるという人はいない。

■特筆すべき三つの特長

一つ目は、径の大きい垂直ダクトなので空気抵抗がきわめて小さい点だ。換気は、空気の摩擦抵抗との戦いでもある。

第一種換気にとって抵抗となるものは数多い。外壁面に設けられる吸気口に、雨や雪、昆虫や鳥などの侵入を防ぐためにフードをつけるのだが、それが第一番目の抵抗物となり、フィルター、熱交換素子、ダクト及びその分岐と曲がり、吹き出し口のグリルなど、すべてが抵抗を増幅してしまう。

換気装置本体の内部に必須のフィルターが汚れ、目詰まりしていくと空気抵抗はさらに増え、新鮮空気の供給が計画通りには確保されないということがよく起きる。

新換気システムは、ダクト部分の空気抵抗がきわめて小さく、そのため、換気装置本体の前に設置する外気浄化装置の能力を高めることができるので、換気装置そのもの、及びダクト内部の汚れが激減する。

二つ目の特長は、換気装置本体だけでなく、空気を供給するダクトの内部を、見て触って、点検・掃除ができることだ。

それらが厄介で困難では、いつまできれいな空気が吸えるのか不安にならざるを得ない。これまで、セントラル式の第一種換気が敬遠されてきた理由の主な点がそこにある。

ダクトは、約2メートルの長さでジョイントされるので、将来交換の必要が生じた場合でもユニットの交換が簡単にできる。

三つ目は、床下を含め構造内部も同時に換気できるということだ。都市近郊に建つ住宅で構造材を長持ちさせるためには、床下換気口（基礎パッキン工法を含む）から風を通すこれまでのやり方、すなわち「通気」よりも、床下換気口をなくし、気密性を高めて計画的に機械換気する方がはるかに安定して好ましい環境を維持することができる。

これから建てる家は、高温多湿な空気だけでなく、多発する豪雨や水害の影響にも配慮して、床下を守るためにも床下換気口はやめるべきである。

■「新換気システム」の効用

カビの害から、いかにして住む人と家の健康を守るか。

家造りが進化し、一時代前と比べると快適性が飛躍的に高まっているのに、カビ問題は一向に解決されていない。古くて新しいこのテーマと真剣に取り組んでいくと、「新換気システム」の効用が見えてくる。

カビは、臭いも見た目にも不快であるが、真菌感染症・真菌アレルギー症・真菌中毒症などをもたらし住む人の健康を損なう。

真菌感染症の場合、高齢者の肺や脳に巣くってガンよりも厄介な悪さをもしかねないという。

真菌アレルギー症は、気管支ぜんそく、アレルギー性鼻炎を引き起こすだけでなく、不眠症、胃腸障害の原因になることもあるそうだ。また、木材に発生する腐朽菌は、家の寿命を著しく縮めてしまう。

カビの胞子の大きさは、直径で3～15マイクロメーターくらいだから目には見えない。胞子は、他のハウスダストと共存し空気中を浮遊している。床やふとんに付着してダニの餌となり、その死骸や糞とともに再び浮遊する。胞子は、湿気ていたり濡れているところがあると付着し、発芽して菌糸となって増殖する。やがて、カビの色として目に見えるようになると飛散するという悪循環を繰り返すこととなる。

カビが生育するためには、酸素、温度、湿気、そして栄養が必要となる。温度が15～35度、湿度が75％以上あって空気がよどんでいると、生育が盛んになる。したがって、家の内部の環境をそのような条件にしないようにすれば、カビの生育を抑制できることになる。

だが、人は1年を通じて18度から28度の温度範囲を好み、カビが好むような栄養源を絶つことも生活をしている限り不可能である。結露を防ぐことはできるが、生活上濡れたところをなくすことも難しい。

しかし、「新換気システム」を用いるなら、余分な水蒸気を排出し、湿度をコントロールし、適当な気流を確保することでカビの発生を少なくすることが可能になる。それだけではなく、浮遊する胞子をハウスダストとともに排出することにも役立つ。これらの効用は、自然換気ではとても得られるものではない。

実際に住んだ人から、ぜんそくやアトピー、花粉症などのアレルギー疾患が軽減したり、悩まされなくなったという声が多数寄せられている。

■梅雨から夏が快適な家

住んでいる人たちの梅雨から夏、そして秋の長雨の時期にかけての感想を挙げてみよう。

○カビの臭いがせず、生活臭が気にならない。
○クローゼットや玄関収納の革製品にカビが発生しない。
○押入れの布団がサラッとしている。
○ベランダでふとんを干す回数が激減する。
○洗濯物を室内干しできる。
○エアコンをつけても膝から下に痛みを感じない。
○冷房の不快さを感じない。

一般的には、エアコンをつけると冷気が床によどむ。膝から下が冷え、自律神経が失調し、冷房病になりやすくなる。しかし、「新換気システム」の家では、不快な冷えを感じない。それは、常に床から天井へと向かう空気の流れがあるからだ。

他の換気方法では、空気の流れが逆なので冷気が床によどみやすくなる。湿度が低いと冷房の設定温度を下げなくても快適でいられる。室温が28度でも快適に感じられると、エアコンの利用の仕方がこれまでとはまるで違ったものになる。「冷やす」ためではなく「涼しく」するために活用できるからだ。

冷気がよどまない、肌に感じない程度ではあるが常に空気が流れている、その状態を多くの人は、「空気が軽くて気持ちよい」と表現する。

これから家を建てる人は、温度だけでなく湿度と冷気に関心を強め、快適で健康増進に役立つ家を積極的に求めるべきだ。

次に「新換気システム」をより理解していただくために、第三種換気の家をリフォームした方からのお手紙をご紹介したい。

妻に内緒で「新換気システム」リフォームをして

新換気開発の知らせを受けてから3年間ほど迷い続けていました。新換気の数々のメリットの裏側にあるものが、わが家の弱点であることを教えられたわけですから大いに悩むことになったのは事実です。

壁の吸気口から聞こえる外部の音、強風が吹くと鳴る風きり音、冬になると冷たい空気の侵入、窓枠やタンスの上にたまる土埃などが気になっていました。

でも、換気の大切さを思うとそれらの事々は我慢すべきだと思っていたのですが、２０１０年の点検の折に新換気システムを薦められ、プランと見積もりをいただいたのでしたが、妻はそのような問題は年に数度感じることはあるがリフォームしてまで改善しなくてもよいとの意見でした。

何よりも妻が嫌がったのは、片づけをしたり、センターダクトのためにタンスの置き場がなくなったりすることでした。

しかし私は、「ソーラーサーキットの家」を新換気の家へと進化させてみたくてならなくなったのです。70歳に近づいていますから、体力気力のある内でないとできないという焦りもあり、妻の説得を続けたのですがだめでした。ところが妻が10月中旬から息子が働いているイギリスに1ヶ月ほど行くことになり、こんなチャンスは二度と巡ってこないと急遽無理を承知でお頼みした次第です。しかし、おかげさまで妻の留守中の、わずか13日間ですべての工事を完了していただき助かりました。

新換気が作動したのは11月3日でしたが、その夜、私は一人でビールで乾杯しました。はっきりと空気の違いがわかりました。家中を犬のように鼻を利かせながら歩き回って納得したからです。

空気が気持ちよいということがこんなにも喜ばしいことなのか、イギリスにいる妻に一刻も早く知らせたい衝動をこらえるのが大変でした。

毎晩、寝付く前に気になっていた吸気口に関わる問題のすべてがなくなり、新設されたセンターダクトから新鮮な空気が流れてきて、以前気になっていたベッドの加齢臭らしきものが一番奥の天井から排出されるのを実感できてとても感動しました。

私の部屋はいつ入っても臭いがしなくなり、その感じは妻の部屋も同じであり家全体の空気感が改善されたのです。

いよいよ妻が帰国しました。

私は、妻が自分で気付いてくれるのが楽しみでリフォームしたことは伏せていました。

最初の夜は、妻は何事もなかったかのように早々と寝てしまいました。

私は内心がっかりしたのですが、センターダクトにすら気付かなかったのには驚きました。実は、工事の最中、すごく気になったときがあります。ダクトが立ち上がった姿を見たときです。正直に言いますと、その存在感は想像していたよりはるかに邪魔な感じがし、妻の怒る顔が思い浮かび後悔さえしたのです。

二階の部屋の片隅はタンスが置けなくなり移動したのですが、そこはイギリスに長期出張した息子の部屋ですから気になりませんでしたが、一階のリビングの片隅には出っ張り（センターシャフト）が生じたわけですから、それは気になりました。

図面では納得していても、いざ工事が始まるとまったく別な感じがして、妻の感覚ではとても納得してもらえないと心配になりました。

でも、すべての工事が終わってしまうと不思議なものでほとんど気にならなくなるものです。空気の出口につけていただいたペーパーがヒラヒラと揺らぐのを見ていると、このダクトが気持ちの良い空気を24時間確実に供給してくれるためのものだと、愛おしくさえ感じるようになるものです。


さて次の日の朝、妻は台所に立っていつものように朝食の支度をし、食堂で食事を済ませました。その後で息子からのプレゼントということで紅茶を飲むことになり、私はリビングのソファーに妻を誘いました。そこで妻はイギリスでの出来事を楽しそうに語っている最中に、センターシャフトの存在に気付いて「えっ、これ、いったいどうしたの？」と驚きの声を上げました。

私は経緯を説明したのですが、さぞかし怒るかと思った妻はしげしげとセンターシャフトを眺めた後で言いました。

朝方、トイレに行った時、なんだか空気の感じが違うなぁと思ったと。息子が住んでいる家は、築100年以上の4軒長屋の真ん中で、目の前に公園が見えるとてもいい場所らしいですが、家の中の空気がいつもよどんでいる感じがして気になったと言うのです。

それから妻は、私がしたと同じように鼻を利かせながら家の中を歩いてまわり、小屋裏の換気装置を見て、「あらっ、意外とシンプルで静かなのね」と感心しました。

それからの日々は、私たち夫婦にとって喜びの毎日となっています。よくぞ、私のいない間にいいことをしてくれたと私は褒められ、空気が気持ちいいと喜ばれ、外気浄化装置のフィルターの汚れ具合に共に驚き、ソーラーサーキット時代のダンパーの開け閉めからの解放を喜び、最先端住宅に衣替えしたことで老後の安心を得ることができたというあんばいで、本当に感謝しています。

このところ、急に寒くなってきましたが全熱交換型換気のおかげか、一階の蓄熱暖房機1台で家中が十分暖かく快適に過ごせます。これも、私たち夫婦にとっては大感激です。

思い切って、新換気リフォームをして本当によかったと思っています。

「涼温換気」への進化

第一種全熱交換型換気は、センターダクト方式と組み合わせると、そのメリットが倍加する。世界に誇れるような有能な技術者を擁する専門メーカーでも気が付いていないこの事実は、理論や計算では解明できないものだろうが、想定外に相性が抜群に良い。アップルの創業者のスティーブ・ジョブズは「創造とは、新しいものを作るのではなく、新しい組み合わせを作ることだ」と言ったが、まったくそのとおりだ。

その効果を十分確認して、ダクト用エアコンを組み合わせ、換気装置からの空気と、エアコンの空気を混合するチャンバーボックスの開発が行われたのである。

これが、「涼温換気」への必然の進化である。ここは、計算と実測が主体となるので、松井祐三を中心とする技術者たちが担当し、私は体感をもっぱらにした。

「涼温な家」は「新換気」の開発から足掛け四年を要したが、その間には数々のドラマがあった。

技術の責任者は、エアコンに負荷を掛けることを極端なほどに避けたがっていた。

メーカーから、「故障した時にこのようなシステムに組み込むことは想定していないし、メンテナンスの責任は負えない」と言われることを恐れたのだ。

「エアコンは進化の途上にあり、定期的なメンテナンスが絶対に必要な製品なのだから」と彼は言う。

私の感性が求めるところと、彼の理論や心配との間に溝が深まっていった。互いに妥協しない日々が続き、とうとう彼は辞めさせてもらいたいとまで言い出した。

世界に誇れる住み心地を実現するという夢はどうなる、と私は彼を説得し続けた。

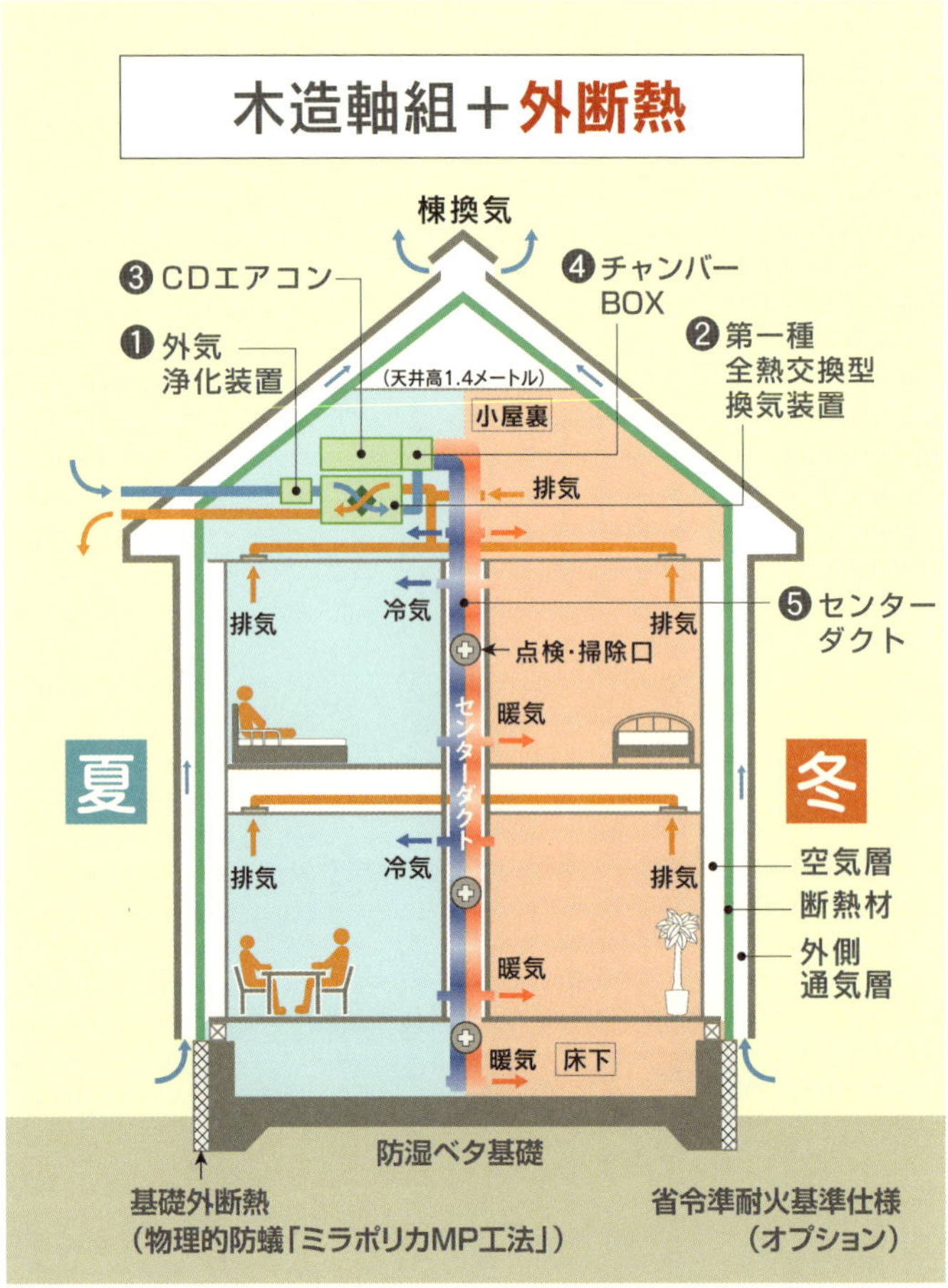

万全な耐震・耐火・シロアリ対策

全館涼温房® を実現する 5つの組み合わせ

❶ 外気浄化装置　❷ 第一種全熱交換型換気装置
❸ ダクトエアコン　❹ チャンバーBOX　❺ センターダクト

採用を予定していたエアコンメーカーのダイキンについての知識が深まるにつれ、同社への信頼度は深まり、彼が心配するように、ダイキンがそのようなことを言う会社ではないと確信が持てた。

だから私は、彼の疲れが回復するのを待った。元気さえ回復すれば、私と同様にロマンティストであったから、共に再び夢の実現に邁進してくれるに違いないと信じた。

半年ほどして復帰した後は、以前にもまして精力的に開発に専念し、わがままとも思えるような私の注文に、じっくりと耳を貸してくれるようになった。

その注文の要所は、チャンバーボックスの大きさに対するもので、できるだけ小形化するための実証実験が繰り返し行われた。

「これ以上は無理だ」という限界で、想定外の効果が得られたのだ。センターダクトから出てくる気流の感じが、「冷暖」ではなく「涼温」に変わっていた。

この成果について、彼は想定外の効果だと笑っていたが、後に開発日誌を紐解いて分かったことは、一番苦労したのは私に納得してもらえる「涼温感」を得ることだったと書かれていた。

何はともあれ、「エアコンに負荷を掛けない」という彼の思いどおりにシステムは完成した。

「ダクトレス換気」の不都合な真実

六畳一間のようなワンルームならともかく、一軒の家ではダクトを使わない計画換気は成り立たない。しかし、本格的な換気は設計が難しいし、ダクトの施工も厄介だ。

そこで「ダクトレス」といって壁付けをするタイプや、窓枠に組み込む簡易な装置が出現した。中には「ドイツ製」だと権威付けをする専門家もいる。

口をすぼめて空気を吹き出してみれば分かることだが、空気を遠くに届けたければ吹き出し口を小さくして圧力を増やさなければならない。すると、口笛のように音が出る。「ダクトレス」タイプは、換気が不十分であることと、この音の問題が付きまとう。これはダクトレス換気の不都合な真実の一つだ。

「相応の太さのダクトを用いないことには、機械換気は効果を発揮できない」

と正直に言う造り手は決して多くはない。空気を分配するためにダクトが必要だが、空気抵抗をいかに減らして目的を達成するかがダクティングの工夫になる。直管が最善だが、全てを直管にすることは不可能だ。

「センターダクト換気」はその点で大変な優れものである。空気抵抗が最小となるだけでなく、点検と掃除が簡単にできる太さの直管ダクトで給気を行い、排気は一般的に用いられている曲管ダクトで行う。先にも書いたが特筆すべきは、「換気経路」を従来とは逆転させたことで、新鮮な空気の給気効果が高くなり、どこにいても空気の淀みを感じなくなった。換気効率が断然よくなったと言える。

一方で、「機械換気は必要ない」と声高に主張する造り手がいる。珪藻土か漆喰を用いれば「自然換気」で十分だと言うのである。

しかし、無風で内外に温度差がないと効果は得られない。つまり、空気のよどみは解消されない。彼らにとって極めて不都合な真実だ。住み心地は、換気における不都合な真実とどう向き合い、どう解決を図るかによってその質感はまるで違ったものになる。

これからは「全館空調」の時代？

これからは全館空調の時代という声が高まっていて、先進の工務店の中には、「ルームエアコン1台で、全館冷暖房ができないものなのか？」を模索する動きが活発化している。

私もいろいろ試した時期があった。小屋裏や床下に付けてみたり、二階のホールに付けてみたりと実験を繰り返した。小屋裏に付けると、冷気が下の階に降りてくるから相応の涼しさは得られるが、冬には暖気は下降してくれない。そこで、送風機を用いてダクトで送ったりしてみたが、1台のエアコンで、高温多湿な夏と低温少湿な冬、梅雨時と秋の長雨の六季を快適にすることにはかなり無理があることを知った。1台ではどうしても温度差と快適差ができてしまう。エアコンの周辺は、寒すぎたり、暖かすぎたりで不快で居られない。

そこで、2帖ほどの広さの断熱箱を造り、その中に壁掛け式ルームエアコンをセットし、小型ファンを10〜15個ほど用いて各部屋にダクトで冷暖気流を送り出すというシステムが考案された。ルームエアコンをタコ足使いしたようなもので、一理あるやり方だ。電気代はいくらも掛からないのだろうが、送風のために多数のモーターとダクトを必要とする。ルームエアコンが吹き出し口に姿を変えただけという人もいるが、「1台のルームエアコンで全館空調！」というキャッチコピーに魅力を感じる工務店もあるようだ。

1階と2階で別々に働く2台のエアコンを必要とするものや、各部屋で温度をコントロールできることを売りにするものもある。それでは、全館空調の意味がなくなってしまう。家中を快適にと望まないのであれば、各部屋でルームエアコンを用いる方がはるかに合理的だ。全館空調方式は、暖かさ・涼しさ・空気感が肌に合わない、そして運転音や空気の吹き出し音が気になる場合は最悪なものと化してしまう。住んでから、各部屋にエアコンをつけておく方が良かったと後悔する人も多いと聞く。夏、家の中の温度が27度でも絶対湿度が13g／kgを越えると蒸し暑さが増す。「日経ホームビルダー」2019年10月号は、最新の全館空調の家々を検証したところ、絶対湿度が15～16g／kgもあって、カビ発育域とされる環境の家もあるとのことだ。

全館空調の本場であるアメリカの換気事情を知りたくて、西海岸を視察に行ったときのブログを参考にされたい。

床に近い壁に設けられた空気の吸い込み口。日本では、100％クレームになるほどの音がする。フィルターを枠内にかぶせて蓋をする。蓋の下、右に見えるのは観葉植物の葉

売値五億円という完成してから一年以上になる家に入った。内部をしばらく歩いていると、空気が気になって仕方がなかった。「住み心地体感ハウス」と比べて、明らかに質感が悪かったからである。

そこで換気装置を探したが見当たらない。案内してくれた営業マンに尋ねたところ、全館空調だが換気システムがなく、室内の空気はただ循環しているだけだと言う。

そんなバカな、と思ったが地下

室に設置されている装置を見て納得した。廊下の壁や天井に設けられた空気の吸い込み口にはフィルターがあってホコリを除去していることは確かだが、目が粗いので微小な浮遊粉塵は通過し、エアコンに吸い込まれ、各所の天井から吹き出されている。つまり、室内空気は外からの新鮮空気を取り入れることなく循環しているだけなのだ。だから、一年以上過ぎているというのに「新築のにおい」が取れないのだと納得した。これでは、省エネにはなるのは確かだが、住む人の健康が危ぶまれる。パーティーなどで空気が汚れたらどうするのかと尋ねると、彼はおかしなことを聞くものだという顔をして、「窓を適当に開ける」と答えた。別の現場でも同じ質問をしたところ、「全館空調の家の中の空気は、きれいなのだ」という答えが返ってきた。

空気質の測定器を販売している会社で聞いた話では、全館空調の家での喘息患者が増えているという。なぜなら、室内の空気汚染がひどいからだそうだ。

アメリカにはEnvironmental Justice（環境正義）を唱える有名な環境保護庁（EPA）があるというのに、いったいこれはどういうことなのだ。換気を疎かにする家造りが堂々と行われているとは驚きだった。

100

「涼温換気」は、全館空調と何が違うのか？

「全館空調」は「冷暖」の世界であり、「涼温換気」が発揮する「家中涼温」とは、住み心地の質感が明確に違う。エアコンの風が嫌いな人は、体感してすぐに納得する。室内に置かれた観葉植物の葉が風で揺れるようなことはない。同じようにエアコンから吹き出される冷暖気流なのに、なぜ「涼温」と感じられるようになるのか。

全熱交換された空気と冷暖気流はチャンバーボックスで混合され、センターダクトを通過して、独特の「換気経路」に流される。

換気効率に優れる「涼温な家」は「換気が主」で、「冷暖は従」となる。同じ室温であっても空気感が違うのは、換気経路が違うからだ。

環境工学的には、「空気寿命（給気から排気までに至る時間が短いほど換気効率がよく、空気が気持ちいいと感じる）」で説明できるようだが、理論・理屈を求めるよりもまず「住み心地体感ハウス」で心行くまで体感してみることをお薦めしたい。

「換気が主、冷暖は従」という空気感は体感しないことには分からない。

「涼温な家」では、エアコンは必要な時に、必要な分だけ使う。スイッチを入れて30分もしないうちに、ルームエアコンや「全館空調」では実現不可能な「家中涼温房」の醍醐味が味わえるようになる。音も風も気にならない。

換気は24時間連続運転をするが、長期間留守にして家に戻った人は、全熱交換型換気のありがたさを痛感するに違いない。

注意すべきは、換気装置は天井や床下に設置すべきではないということである。フィルターの交換やメンテナンスがやりづらくなるからだ。脚立に乗っての作業は極めて危険だし、床下にあるとかがんでやらざるを得ない。危なくて面倒くさいとなると、家族の誰もが扱うのが嫌になってしまう。換気は、住む人の健康維持・増進のために必要なので、メンテナンス性という点に関してもなるべくストレスフリーであることが大事である。

住む人の日々の幸せを願うのであれば、換気装置の維持管理が快適な環境下で簡単にできることが絶対に必要だ。子供でも、高齢者でも楽にできるものでなければならない。

「涼温な家」は、小屋裏も室内と同じ快適空間だから、フィルターの交換に行くのが苦ではなくなる。換気装置へのアクセスが楽であることはとても大切なことだ。行政によっては、専用階段を設けてはならないとするところもあるが、天井折りたたみハシゴの利用は実に危険だ。

この場合、家の広さにゆとりがあるのなら、システムそのものを二階か一階にセットすることをお薦めしたい。地下室にセットすることも可能だ。センターダクト方式では、空気の流れを上にも下にも自在に流すことができるので、これまでにない発想の空調が可能となり、住み心地の向上に大いに役立つのだ。

「生活臭」は恐い！

国では、これからの超高齢化社会を見据えて、「スマートウェルネス住宅」

を推進しようとしている。これは同じ「スマート」が付いてはいるが、「新三種の神器（太陽光発電・蓄電池・ＨＥＭＳ）」を備えた「スマートハウス」とはコンセプトが違う。住宅に健康維持増進機能、介護・医療施設としての役割を求めるのである。

すでに「健康維持増進住宅」として全国から四七事例を集めたムック本が創樹社から出版されており、「涼温な家」も紹介されている。

「ココロとカラダが喜ぶ住まいをつくる」の中の、「空気環境を整える」「きれいな空気で暮らしの質を高める」という項に、「住宅内の生活臭も居住者の健康に影響」するとある。

その一部を紹介したい。本格的な24時間機械換気の必要性がよく分かる。

〈生活臭も室内の空気環境を汚染する要素の一つと考えることができる。生活臭の中には、脳の働きに悪影響を与え、居住者の健康に影響を及ぼすものもある。杏林大学の古賀良彦教授が行った調査によると、タバコや使用済みの天ぷら油、汗・靴下の臭いに含まれているイソ吉草酸などはα波を減少させるという調査結果が出ている。また、古賀教授は「住宅に染みついた生活臭はさらに厄介。居住者は自宅の臭いを毎日嗅いでいるので生活臭に慣れてしまう。しかし、身体に悪影響を与える生活臭が自宅に染みつき、この臭いに慣れてしまうと、本人は不快に感じていないようでも心身は悪影響を受けている。実際に脳波を調べてみるとα波が減少していることが分かる」と話す。また、住宅に染みついた臭いは取り除くことが難しく、同じ住宅に住み続ける限り、毎日身体に悪影響を及ぼし続けるといった怖さがある。〉

日本の省エネ基準は、時代遅れなのか？

住宅先進国と比べて、日本の省エネ基準のレベルが低すぎると声高に叫ぶ人は決して少なくない。先進とされる工務店は、競い合って先進国巡りをして、知識と技術の習得に躍起だ。専門紙や雑誌がその成果を書き立てるから、お客様そっちのけの性能競争が行われている。

中には、世界一と言われるドイツのパッシブハウス基準を掲げて、家づくりはかくあるべきだと力説する人がいる。「年間の冷暖房負荷が、15kWh／㎡以下。UA値は、0.3w／㎡K」を目指すべきだと。一部の学者にも支持されて、これから日本に本格的に普及させると鼻息は荒い。

私は、二〇一六年にドイツのフランクフルト郊外に開発されたパッシブハウス分譲住宅を見学した。

そのときの様子を書いたブログを紹介したい。

フランクフルトの中心街から、車で30分ほど走ったところで「パッシブハウス」と認定された建物だけが建てられている住宅街を視察した。年に三日ほどしかないという35度近い暑さは、夜来の雨で和らいだが、午後には日差しがあり、27度・湿度75%の気候だった。

戸建てや2戸長屋から四階建てまでの街区は、どこもシンプルな外観の箱型ばかりで、外壁のアクセントに用いられた色彩のセンスの乏しさが気になった。どれも一様な外観に変化を付けるには、外装材の選択しかないと言わんばかりのデザインは、すぐに見飽きてしまう。屋根が見える住宅も建てられていたが、日本の建売住宅の方がずっとおしゃれなものが多い。

ほとんどの住宅の窓が、内倒しで開けられていた。エアコンを使わないので、暑さをしのぐには窓を開けるしかないのだろう。

「パッシブハウス」とは、ダルムシュタットにあるパッシブハウス研究所が求める性能認定基準を満たしている建物で、わが国ではこの住宅こそが理想だと主張する建築家や工務店主もいる。

人の発熱量だけで暖かく感じることができるほどの断熱性能に優れているというのだから、皮膚感覚が鋭敏な人や、暑さに弱い人はつらく感じる時期があると思うのだが、住人に言わせると、そんな時期は年に一週間あるかないかだから気にならないという。

家は、その土地、その家族に合うように造られるべきものなのだから、ドイツではそれでいいのだと思った。しかし、「涼温な家」が最高の住み心地を発揮する地域では過剰性能であり、「過ぎたるは及ばざるがごとし」を痛感することになると断言できる。

住む人の感受性を二の次にして、省エネ性能や建築物理を最優先する家づくりを私は理想とはしたくない。


ドイツから帰国して四日目、今年のなかなか明けない梅雨でも「涼温な家」は、毎日がサラッとして快適だ。

午後、3時半ごろ久しぶりに犬を散歩に連れ出そうと玄関ドアを開けた。その瞬間、かび臭く生ぬるい空気に包まれ出かける気が失せてしまった。犬もしとしと雨を嫌ったのか同様だった。

このとき、外気温は25.1度・相対湿度78.5%。

家の中は、温度25.4度・相対湿度49.5%。内外ともに温度はほとんど同じだったが、快適さがまるで違った。絶対湿度を計ると、外が18.2g／kg・内は11.7g／kg。

すでに書いたが、フランクフルトの「パッシブハウス」は同じような天候の時に、ほとんどの家の窓が開けられていた。

辺りにはカビのにおいはしなかったが、モワーッとする空気感は同じであり、猫のオシッコの臭いがするところもあった。そのような日に、窓を開けざるを得ないか、全部閉め切って一台のエアコンに任せられるかが、「パッシブハウス」と「涼温な家」との違いでもある。

もっとも、一台のエアコンで「家中快適」を実現するには、換気の方法を見直さないことには無理である。


私は住宅先進国と言われる国々の家づくりと比較して、「涼温な家」の住み心地を決して劣るものとは思わない。むしろ優れていると断言しても良い。ただし、断熱性能は、「平成28年省エネ基準」を満たし、一次エネルギー消費量は基準より20％は削減を目指したい。

造る側としては、断熱性能が住み心地にどのように影響をもたらすものかをお客様に的確に説明すべきだ。ドイツの基準ではない、日本の基準だ。それぞれの国には、それぞれの気候特性があり、住文化も、皮膚感覚も違うのだ。

日本国内であっても、北海道に必要な断熱性能を東京や大阪に持ち込んでも過剰性能になるだけだ。造り手の自己満足や、お客様の関心を惹くための過剰性能は、意味がないだけでなく、中間期と夏には住み心地に、明らかにマイナスに作用する。

数値にこだわる家づくりも楽しくないが、省エネを過度に気遣う暮らしも同様だ。住み心地を楽しんで暮らしたら、予想外に省エネだったと満足するのが一番だ。

次にお話しする二つの家は、省エネであることは間違いないが、住んでから窓の開け閉めに大変苦労することだろう。「風」という自然エネルギーを最善とするのだ。住み心地を問わないのであれば、検討に値するのかもしれない。

「風の抜ける家」の不都合な真実

大手ハウスメーカーの多くが「風の抜ける家」を推奨している。中には風の流れをシミュレーションした図面を描いて見せたりしている。彼らは、外気はきれいで気持ちが良いものだということを大前提としているようだ。

二〇一八年五月二日世界保健機関（ＷＨＯ）は、微小粒子状物質「ＰＭ2.5」などによる大気汚染が世界的に拡大を続けており、肺がんや呼吸器疾患などで年間約七〇〇万人が死亡しているとみられると発表した。

それは、インドや中国のことだと思うかもしれないが、東京の周囲を走る環状八号線の上空に、晴れた日の午後に帯状の雲が出現することがある。いわゆる「環八雲」を分析してみると、大気汚染物質にあふれているという。

東京に限らず市街地で気持ちの良い風を期待して窓を開けてみても、期待どおりの風が入ってくるのは年間で数日しかない。窓を開けたままにするのは、防犯上からもできない。

家の中の「快適」を自然にゆだねるのは住む人の自由だが、造る側には、窓を閉じた状態での「快適」を保証する義務がある。

住む側にとって不都合なものは、すべて事前に説明しなくてはならない。騒音・土埃がなく、大気汚染のない、快適な温度・湿度の風の流れという仮想現実をまことしやかに喧伝して営業するのは考えものだ。

実際に住んでから、シミュレーションどおりの風が得られない場合に、改善することは不可能であり、窓を開ける生活を強いられ挙げ句の果てに泥棒に入られたとしても、メーカーが責任を負ってくれるわけもない。

窓を開けなくても「涼温な家」では、住む人がまったくと言っていいほど気にならない微弱な気流で、「風の抜ける家」にはない計画換気による快適さを24時間享受することができる。

省エネの極致！「エアコンのいらない家」

もっと思いきった提案もある。『エアコンのいらない家』（エクスナレッジ）という本がある。著者の山田浩幸さんは設備設計の専門家で、環境との共生をテーマにした先進的な設備計画による受賞歴も多数あるという。

その趣旨は、窓開け換気をすれば、夏でも冬でも快適に暮らせるというものだ。トイレには、上下二つの窓を設ければよいし、風呂場には上部に風抜け窓を設けることを提案し、そうすれば換気扇すらいらなくなると提案している。

トイレに二か所も窓を設けられたら、どうにも落ち着かない。ましてや冬の寒さたるや半端ではないはずだ。今のトイレが臭いでは悩まされないことをこの設備の専門家は知らないようだ。風呂場の窓も、24時間換気をしている家では開閉する必要がないことも。

それに、浴槽の上、天井に近いところに取り付けられた窓の開閉の励行は、日常生活では困難である。高齢者には危険ですらある。かといって開けっぱなしにしたのでは寒暖差がつきすぎて、ヒートショックで命を落とすことになりかねない。

「涼温な家」では、ルームエアコンは付加暖房としてお薦めする場合があるが、通常は必要がない。とくに寝室はそうだが、リビングにしろ個室にしろ、ルームエアコンを常に意識する不快さはストレスとなる。だからといって、エアコンという文明の利器をいらないとする家づくりには大いに無理があるし、合理的ではない。とくに夏の暑さと湿気への対応には、健康上問題がある。

温暖化で、地球全体の平均気温があと1度上がると、35度以上となる猛暑日の国内発生回数が現在の1.8倍になるという推計もある。

温暖化を持ち出すまでもなく、健康に役立つ快適さを得るために、エアコンは機械換気と同様に絶対に必要な設備である。

太陽光発電は本当に得なのか？

二〇一九年一月二八日、「住宅用太陽光発電火災」についてＮＨＫテレビが取り上げ、翌日の朝日新聞は二面を使って大きく取り上げた。

太陽光発電をしている家に住んでいる人は、大変なショックを受けたに違いない。

国土交通省、経済産業省、環境省はそれぞれ補助金を用意し、太陽光発電がこれからの住宅の必需品であるかのように言っていただけに、これから家を建てようとする人も大いに戸惑いを覚えたことであろう。小池百合子氏は、環境大臣をしていたときに、日本中の住宅の屋根に太陽光発電を搭載したいと抱負を語っていた。

私は、火災の危険は知っていたから、同年一月二四日の日本経済新聞の「太陽光パネルリサイクル義務化」の記事の方を重く感じた。

記事の一部を引いてみる。

《環境省は太陽光パネルのリサイクルを利用者などに義務付ける方針を固めた。パネルの耐用年数は二〇年程度で、二〇一二年に始まった固定価格買取制度（ＦＩＴ）で急速に普及が進んだパネルが二〇三〇年ごろから大量の廃棄が見込まれるため。義務化により不法投棄を防ぐほか、資源の回収にもつなげる。》

工務店の中には、大手ハウスメーカーに後れを取らないように、全棟ゼロ・エネルギー・ハウスを目指して懸命な努力をしているところもある。地球温暖化防止のために取り組むべきだと主張する工務店もある。

私は、住宅のいちばん大切な価値は住み心地であると考えるので、お客様にはその視点から必要性を検討することをお薦めしてきた。本音を言えば、太陽光パネルを載せた屋根に愛着を覚えないのだ。果たしてそれがCO_2削減にどれだけ貢献するものなのか確信が持てないし、何よりも思うことは、景観に対する配慮なくして家づくりはすべきではないということだ。地方に旅して、空き地を埋め尽くすメガソーラーのパネルを目の当たりにした時、景観破壊に対する憤りを感じるのは私ばかりなのだろうか。屋根は、景観に大きく影響する。景観の美のない住宅街はいずれ滅びていく。20年で元が取れるとしても、老後に厄介を抱え込むことにならないのか。太陽光発電の利用を住宅にも義務化するような政策が正しいものなのか、国家的にもその是非を検討すべきだ。

「涼温な家」は、省エネで十分満足できる住み心地が得られるのに、「創エネ」をしたからといってさらに住み心地が良くなるわけではない。

「ゼロ・エネルギー・ハウス」への取組みに消極的と受け取られるのではと心配する声も聞かれたが、「住み心地体感ハウス」には搭載しなかった。

工務店のためらい

令和元年七月一二日発行の「新『いい家』が欲しい。」改訂版Ⅱの8刷を振り返ってみたい。

「ZEH（ゼッチ）」とは、ネット・ゼロ・エネルギー・ハウスのことで、断熱性能を高め、省エネ性能に優れた設備を採用して、太陽光発電などの再生可能エネルギーにより、一年間の生活で消費するエネルギーをネット（正味）でゼロまたはマイナスにできる住宅のことです。

国は、ロードマップを掲げ、二〇二〇年には新築住宅の半分、二〇三〇年にはほとんどをZEHにしようと呼び掛けています。大手ハウスメーカーは、建物本体だけでなく、さらに設備でも儲けることができるので大歓迎です。

しかし、なぜか工務店（一条工務店は太陽光発電搭載数日本一を誇る大手ハウスメーカー）の多くは、補助金申請の資格である「ZEHビルダー」として登録を受け、ステータス扱いされても浮かない顔をしています。

国は、工務店には取り組む意欲と能力が低いとみなしているようですが、実情は、お客様が積極的に望まないし、太陽光発電が住む人の幸せに役立つものなのか、確信が持てないでいるのです。

ＺＥＨは本当に得するものなのか？
屋根のデザインを犠牲にして太陽光パネルを設置し、発電量が、一次消費エネルギー量とほぼ同等もしくは上回るとしても、雨漏りの原因になったり、性能の劣化が原因となる火災、強風による破損、落雪による被害などが起こることはないのか。一方、近い将来、もっと高性能で場所を取らず、デザインに悪影響がなく、メンテナンスフリーな製品が販売されるのではという期待があり、お客様のそれら心配と期待に対して工務店はためらっているのです。

経済産業省は、造り手のホームページにＺＥＨ目標棟数と実績を表示させ、補助金申請はＺＥＨビルダーに限定するとしているが、２０１８年1月現在でビルダー登録をした工務店の70％近くもが一棟も建築していないという。このことは、工務店だけでなく家を建てようとする人の多くが、国の省エネルギー政策に疑問を感じていると受け止めるべきだ。

実績ゼロのビルダーの中には、ＺＥＨという認定を求めるのではなく、できる限り省エネな家を建てておいて、住んでから頃合いを見計らって太陽光発電を載せてはいかがですか、と提案する造り手が決して少なくないことを知っておいて損はない。この考えに基づく家づくりは、アメリカの一部の州でも行われている。

「五つ星住宅」の問題点

先に述べた「五つ星住宅」にも問題点があるのをご存じだろうか？

それは、一次エネルギー消費の削減対象に住み心地を大きく左右する換気と冷暖房を含め、その優劣を、消費電力の多少で横並びに評価することにした点だ。

となると、極論すれば一時代前と同様の暮らし方、つまり窓開けするか自然換気をして、冷暖房はルームエアコンを局所・間歇運転するのが一番だということになりかねない。機械換気は、モーターを２個必要とする第一種換気よりも、1個で済む第三種換気の方が優るとする意見が説得力を増すことになる。すでに紹介した窓を開ければ風が抜けるのでエアコンは要らない、トイレ・浴室の換気扇も不要という意見がそうだ。

機械換気を疎かにし、居室だけ暖・冷房して縮こまる生活、とくにこたつに頼る暮らしは高齢者の日常の行動範囲を狭め、行動の加速度を鈍らせ、寝たきりの前段階とされる「生活不活発病」をもたらし、介護・医療費の増大を招く恐れがある。「省エネ」と「生活不活発病」との関連について調査研究がぜひとも必要だ。

機械換気と冷暖房に相応のエネルギーを使って、「縮こまる生活」、「我慢する生活」から脱却することは、浪費でもなく贅沢でもなく、住む人の健康維持・増進を図るには必須要件なのだ。

「IoT次世代住宅」が暮らしを変える?!

「スマートハウス」・「ゼロ・エネルギー・ハウス」に次ぐものとして、国土交通省が力を入れ始めたのが「ＩｏＴ次世代住宅」だ。全ての家電や設備を「エコーネット」でつなげ、スマホ対応のＨＥＭＳで管理することで住む人を幸せにするのだという。

七つのテーマを掲げ、優れた先導的事業提案には補助金を付けると意気込んでいる。

テーマを見てみよう。

①高齢者・障がい者等の自立支援
②健康管理の支援
③防犯対策の充実
④家事負担の軽減・時間短縮
⑤コミュニティの維持・形成
⑥物流効率化への貢献
⑦その他（宅内オムツ処理による介護負担軽減）

すでにいくつかの提案が出されているが、採択された提案の中には健康寿命を延ばすというものもある。

「遠隔健康モニタリングシステム」を活用して親の健康状態を見守ることができるからだという。ベッドはもちろん、トイレや洗面所にセンサーが取り付けられ、脈拍、血圧などを見守り、顔認証機能が、「今日はご機嫌のようですよ」と判断し、知らせてくれる。温度・湿度・CO_2濃度も見られるので、カーテンの開け閉め、照明、エアコンなどのコントロールもできる。

はたしてこのような見守りで、健康寿命を延ばすことができるのだろうか？

ゼロ・エネルギー・ハウスは、太陽光発電をすれば達成できてしまう。すべての家電のＩｏＴ化を目指す家電メーカーはもちろん、ハウスメーカーも、これだけでは商売にならないと考えて当然だ。ゼロ・エネルギー・ハウスのさらに上を行くモデルが必要だ。それが、「ＩｏＴ次世代住宅」なのである。積水ハウスは、「プラットフォームハウス」と名付けている。２０２０年に入ると、このような提案が花盛りになるのは間違いない。

私は思うのだが、高齢者は、「スイッチ権」（私の造語。照明・エアコン・カーテンの開閉を含む）を自らの感性と意思を働かせ、相応の労力を費やして行使し続けるべきだ。この権利をハウスメーカーや家電メーカーの安直なアイディアと引き換えにしたのでは大損だ。私は、強くそう思う。

先導プロジェクトに携わる役人や学者やメーカーの人たちは、住み心地の良さほど高齢者の自立支援に役立つものはないとする意見に耳を傾けるべきだ。季節を通して快適な家ならば、動くことが苦ではなく、生活が楽しくなる。感性が豊かになる。

そんな家こそが、健康寿命を延ばすというものだ。在宅介護になった場合でも、臭いが気にならず、空気が気持ちよく、どこにも不快な温度差がなければ、介護に携わる人たちのストレスが少なくなる。「次世代住宅」はかくあるべきだ。

第三章　住み比べてこそ

老後を支えてくれるいちばん確かなもの、そう確信できる終の棲家に住む人は幸せだ。これからの家づくりは、健康長寿への投資であると考えるべきだ。

息子からの依頼

ある日、九州に長期出張中の長男（四七歳）から、東京のマンションを売却してもらいたいと頼まれた。

何かの事情でお金が入用になったのだなと思ったら、そうではなかった。

「60歳までに、老後頼れる一番確かなものとしての家を持つといい」という私の意見を受け入れることにしたのだという。

どのような家にしたいのかと尋ねると、残債を払った残りの2600万円の範囲内ですべて任せるという。

彼は、マンションを売却するときもそうだった。売値について一切口を挟まず、売り主として必要な義務だけを実行した。売る・建てるは、親父が専門家なのだからすべて任せた方がいいと考えたようだ。

だから、それ以上質問をしないことにした。

「独身者にとって、終の棲家に何を求めるべきか？」、結構重いテーマとの取り組みが始まった。

敷地は私の自宅の隣の40坪。

北4メートル道路に面し、地形は間口7.3メートル・奥行18.1メートルの長方形。

建蔽率40％・容積率80％。2階建・延べ床面積32坪以下。

まず、基本方針、つまり「家に何を求めるのか」を定めなければならない。

当初は、車イス対応を考えた。独身であり、親兄弟の介護は当てにはできないのだから。そして、これ以上のアイディアは盛り込めないという段になって気づいたことがあった。

それは、車イスを必要とする状況についてである。足が不自由になったからなのか、半身が不随になったからなのかによっても、対応の仕方は違ったものになるはずだ。そこで、車イスのことは将来的に対応することにして、私の信念でまとめることにした。

「死ぬ三日前まで自立して生きる」、言い換えれば「ピンピンコロリ」。これは理想論ではなく実践すべき論なのだ。正直に言うと、この時、私の頭の片隅には「ひきこもり」だけにはなってもらいたくないという思いがあった。50歳を過ぎたら、いつ職を失うかもしれない。「ひきこもり」になる要因は、いろいろとあるのだろうが、親からすれば、五体満足に生み育て、50過ぎて「ひきこもり」になられたのではやりきれない思いがする。

「人は家を造り、家は人をつくる」とチャーチルは言ったそうだが、癒される家があれば、いくつになっても働く意欲を失うことはないだろう。はっきりしていることは、家を建てたからには、親はもちろん、兄弟にも国家社会にも負担を掛けず生きることを全うすることだ。「住む」を楽しめるなら申し分ない。「そのために役立つ家を建てる」と、息子が宣言するのではなく、親が勝手に宣言してプランを作り上げた。私は建築士の資格はないが、昔からプランニングにかけては、先輩の工務店主や一級建築士よりもお客様に喜ばれるプラン作りがうまかった。

依頼者は、四人兄弟の長男でみんなと仲が良いが、独身同士ということもあってか末弟とはとくに相性がいいようだ。彼が泊まれる部屋を用意すると寝室が二つ。それに広めのリビングとダイニングキッチンがあればいい。

プランは、2階建て延べ床面積25坪にまとまった。断熱性能は、HEAT20のグレード1レベル・UA値0.56（当時、二〇二〇年には標準的な断熱性能になると言われていた）。窓は樹脂トリプルガラス。

私がこだわったのは、寝室を1階にすることだ。

地形の都合で、南に面して縦長の6畳の部屋が二つ。寝室は6畳もあれば十分の広さだろう。大事なことは、家電とのつながりでなく、トイレとのつながりだ。死ぬ3日前まで自立して行けるようにするには、電動ベッドから手すりにつかまって立ち上がり、小幅で3歩で便器に座れるようにする。クローゼットの壁をはずすとその動線が確保できる。ドアは、上下ともトイレにしかない。

1階に寝室を設ける理由なのだが、寝室の温度は冬場18度前後が寝やすい。夏は26度前後（湿度は適当に維持できているとして）。

だが、断熱性能に優れた家ではこれが難しい。いま、先進の工務店は断熱性能を競い合っていて、「涼温な家」の倍に近いような性能を自慢し合っている。断熱性能が高い家は魔法瓶と同じで、いったん蓄えられた熱は冷めにくい。真冬でも、日当たりが良いと夜11時頃ベッドインするときに24度前後の暖かさになりかねない。実際、二階の東南の角にある自宅の寝室がそうなのだ。いわゆるオーバーヒート状態だ。高性能な家の設計では、心しておくべき問題だ。

夏の日射遮蔽は常識だが、高性能な家では冬にもそれが求められる。このことに関しては後でまた述べる。

さて、18度というと少し寒めの感じである。

だが、スイス製Daunyの羽毛布団（冬は500グラム・夏は100グラム）の心地良さに包まれる幸せ感は格別だ。それには寒めのほうがいい。

そこで、庭先を2メートルに縮小することにした。

南側境界から1メートル離れて二階家がある場合、7メートル確保しないと一階の床に日差しが当たらないとされている。

2メートルということは、それを不要というに等しい。

ならばシャッターを閉めておけばいいのではと思われるだろうが、独身者の家は、ご近所さんと同様に日中はシャッターが開いていることが大事だ。どんなに健全で健康的な生活をしているとしても、日中シャッターが閉まったままでは不健全にみられるだろう。

それに、「涼温な家」は湿気に強い。布団を天日で干す必要はまずない。日当たりはなくなるが、北側の道路から眺めると、駐車スペースが広がり家の姿が一歩下がって控えめに見える。独身者の家は、そこも大事だ。

会社の設計士たちに集まってもらい、そのような説明をし、意見を求めることにした。

「わざわざ寝室の日当たりを悪くするのはおかしい。冷房負荷は減っても、暖房負荷が増えてしまい、エネルギー的に差し引き損をすることになる」

「朝日を浴びないと、セロトニンの分泌が悪くなり睡眠の質が悪くなるという説がありますよ」

「暖房を停止して寝るときにすでに18度ですと、朝6時には16度ぐらいになりませんか。だとすると寒いのでは?」

「きっと、寒がりの私の妻は反対するでしょうね」

「親としては、そんな妻がいてくれたらと願うところだよ」


ベテランの設計士が言った。

「『涼温な家』は、ごく当たり前の配置で建てた方が喜ばれますよ」と。そう自信たっぷりな表情で言われると、何事も試さないでは納得できない私は、「寝室には日当たりは要らない」という非常識をますます実験したくなった。

表情から決意の固さを察して、場の雰囲気が変わった。

「断熱性能をグレードアップすべきでは?」

まだ見習いの若い女性設計士が続いた。

「ZEHの補助金を申請してはいかがでしょうか?　165万円（平成二八年度）も補助してもらえますよ」と。

日頃、補助金制度に私が批判的であることを承知しているので、他の人たちはその話は避けていた。

プランをじっと見つめていた口数の少ない設計士が「収納が少ないのでは?」と話題を変えた。

たしかに収納スペースが少ない。いくら独身だからといって少な過ぎるのではと言うのだ。これにはわけがあった。

10年住んだマンションを明け渡す際、息子は仕事が多忙で整理ができず、必要なものだけを特定して、他は専門業者に処分を依頼した。その量は半端でなく、中型トラック一台分にもなった。

彼は、業者から送られてきた報告の写真をつくづく眺めて、10年間の生活を共にし、支えてくれたはずの生活用品のほとんどが収納の中にしまわれていて、実は不要なものばかりであったことに愕然としたという。

収納は、不用品を隠しておくところ、いや、不用品だから収納するのか、いずれにしても今度建てる家では、ふだん収納しておく物はいっさい持たないことにする。衣服も最低限必要なものだけにすると、メッセージが届いた。

独身者は、自分が決めさえすればそのとおりの生活ができる。床もテーブルの上も、物置場にしないことが大事だ。

このようなライフスタイルをモットーにする人を「極限民」、「ミニマリスト」などと言うそうだが、彼の決意は固いようだった。

この話を聞いて女房は、ため息をついた。

「言うは易し、行うは難し。収納は絶対に必要よ」と。

設計士は、みんな妻帯者なので自分の独身時代に思いを馳せたように黙った。

「デザインはどんなスタイルを希望されているのですか？　北道路で、25坪で、ゼロ・エネルギーとなると屋根形状の自由がありませんね。補助金を申請するには、太陽光発電が5kWくらいは必要になるでしょう」

デザインにこだわり過ぎの傾向がある設計士が発言した後で、三男である社長が話を締めくくるように言った。

「ZEHビルダーとしての実績づくりに協力してもらいたいですね」。

かくて、ゼロ・エネルギー・ハウスの補助金申請がスタートすることになった。申請業務に慣れさせるために、見習い設計士を担当にしたいと言う社長の考えに私も賛成した。

プランに入ると、担当設計士から「是非、硬質ウレタンフォームを充填する付加断熱を試させて欲しい」と要望が出された。屋根・壁・基礎は厚さ5㎝のポリスチレン断熱材を外張りし、内側にウレタンの吹き付け断熱を付加するとUA値が0.39になり、「HEAT20のグレード2」に近くなるという。

それでは、ドイツやイギリスで体感してストレスに感じた放射熱が強くなり過ぎると危惧したので、吹き付け断熱の厚さは半分に抑えてもらうことにした。窓はトリプルガラスの樹脂サッシにして、4kwの太陽光発電を載せることで申請は受理された。

筆者の自宅は、一六年前に次世代省エネ基準で建てて、二〇一二年に「涼温な家」にリフォームした。搭載していた太陽光発電は、東京電力に点検してもらったところ、発電ムラが生じていて火災の危険があると言われ2年前に撤去した。

住み心地には十分満足しているので、さらに断熱性能を高め「ゼロ・エネルギー・ハウス」になるとどんな住み心地が得られるのか、性能が異なる二棟の家を住み比べしてみたいと好奇心がむくむくとわき起こった。隣同士とはいえ、家の広さも間取りもまるで違うし、窓の形状・性能も違う（枠は樹脂で同じだが、ガラスはトリプルとダブル）。気密性能は0.3と1.25。これでは、比較は意味をなさないと批判されるだろうが、住み心地の質感の違いを肌で感じ取りたい私にとっては絶好のチャンスだ。

そこに、女房から質問を受けた。

補助金はおかしくないか？

「息子の家を建てるのに、工務店が国から補助金をもらうなんて、何かおかしくないですか？」と。

一瞬答えに窮したのだったが、よく考えてみればそのとおりだとも言える。お客様が補助金を得るのに工務店が尽力するというなら分かるが、子供のためにではエゴ的な気持ちがしてすっきりしないのは確かだ。太陽光発電の余剰電力の買取りをご近所の人たちに負担していただくのも気が引ける。

冷静になって考えた。

そもそも、経済産業省が実施した「ZEHビルダー評価制度」はおかしなものなのだ。ゼロ・エネルギー・ハウスを多く建てた者が、まるで優秀な造り手であるかのように評価される。登録制度は仕方がないとしても、評価制度はやり過ぎというものだ。そう思いながら補助金申請をするのは、動機が不純ではないか。

今回申請をしてみて知ったことが二つあった。

一つは、計算式（ソフト）が、「家中涼温房」に不利に作られており、局所・間歇つまり、人がいるところだけ、いる時間だけで計算されるようになっている点だ。ドアのないオープンな間取りにすると、廊下もホールも計算対象になって、それを補うために太陽光発電のパネルを増やさなければならなくなる。産業界にとってはありがたいことだろうが、「涼温な家」を建てようとするお客様にとってはありがたくない。

「家中涼温房」の快適な暮らしが得られるというのに、補助金獲得のために要らない干渉をされたくない。

もう一つは、補助金申請は設計士の労働時間を間違いなく増やす。複雑で多岐にわたる申請書の作成の労力と時間は、住み心地を創出するために使ってもらいたい。補助金申請は止めよう、私は決断した。

「ZEHビルダー」の実績にしたい社長の意向を汲んで意気込んでいた設計士はがっかりしたが、「ご近所様よりはるかに省エネルギーな家を建てて、太陽光発電の余剰電力を買い取ってもらった上に、補助金までいただくのはどうも気が引ける」と施主が言っているということにして、申請を取り下げてもらった。

すでに費やした時間がもったいないからと、設計士の強い薦めがあって、BELSの評価を受けることにした。

一次エネルギー消費量基準を59％も削減した上に4kWの太陽光発電を搭載しているので、ほぼ「ゼロ・エネルギー・ハウス」と言える。

最高ランクの「五つ星」と認定され、「低炭素住宅」としても認定された。

体感して分かったこと

二年近く住み比べて分かったことを結論から言うとこうなる。

これから建てる「涼温な家」の断熱性能は、すでに述べたように「平成28年省エネ基準（住宅性能評価の省エネルギー等級４）」を満たし、相当隙間面積を0.3前後以下にして、窓には、樹脂ＬＯＷ－Ｅ複層ガラスを用い、遮熱対策を行うならば感動的な住み心地が得られると断言できるということだ。ＨＥＡＴ20のグレード２レベルを求める必要はない。ましてや、「ダントツ性能」は全く必要ないどころか、かえってマイナスだ。

当然のことながら、星の数も低炭素認定も住み心地には関係ない。しかし、断熱・気密性能の差は、保温性の違いとして温度計を見なくても体感ではっきり分かる。23時に暖房を止めたとき22度だった温度は、８時間経った朝７時には、自宅ではいちばん冷えるところで17度前後。つまり５度も下がるが、息子の家はどこも21度とほとんど下がらない。このとき、外気温は０度。室温を22度にしたい場合、エアコンの設定温度は、自宅では25度（出力5.5kWの70％運転モード）、長男の家だと22度、出力は同じ70％でよい。少ないエネルギーで、冷暖房効果が得られ、長持ちするのは間違いない。

猛暑日が連続する場合、日中、適度な蓄冷・保冷を心掛けていると外気温が

27度以上でも自宅ではエアコンを止めて寝ることができる。26度台だった室温は、朝6時には3度ほど上昇し、ちょっと暑さを感じる。息子の家では1度程度の上昇に止まる。冷暖房時の家中（床下から小屋裏まで）の最大温度差は、息子の家では1～2度、自宅では2～3度。

前述の小平市の住み心地体感ハウスでは、令和元年7月31日16時半、外気温35度のとき1階から3階まで25度台、つまり温度差は1度以内を保っていた。湿度はというと、外が65%、室内は51%（絶対湿度は、23・27g／kg対10・51g／kg）。この日は夜11時になっても外気温が28度もあり、湿度は78%でとても蒸し暑かったが、自宅寝室の温度は26.5度、湿度は48%だった（絶対湿度は、18・63g／kg対10・36g／kg）。

「涼温換気」が、家の断熱・気密性能の差による影響をほとんど解消してしまう。だから、「涼温な家」では、気密性能は換気との関係で大事だが、断熱性能の数値にこだわる意味があまりない。換気・冷暖房の方法の影響の方が大きいからだ。

冷暖房費は長男の家は、ほぼ三分の一で済む。エアコンが自動運転するので、24時間付けっ放しにしておいても、月に三千円前後で、夏の場合は月に千五百円程度である。外気温がマイナス3度以下、猛暑日がそれぞれ3日以上続いても、家中が申し分なく暖かいし、涼しく暮らせる。

しかし、家の燃費の損得は一概には言えない。余剰電力の買取り額は縮小されるだろうし、太陽光発電のパネルは、いずれ寿命が来て撤去しなければならなくなるはずだ。その前に故障も起こるかもしれない。家族数、生活の仕方、家事や調理の仕方で燃費は大きく変わる。だから、設計時の想定エネルギー消費量を星の数でランク付けする制度は、造る側の営業には役立つとしても、住む人にとってはさして意味がない。

息子は、パナソニックの「スマートHEMS」で毎日チェックしているものと思っていたら、エネルギー収支にはあまり関心がないと言う。年金生活が始まれば、いやおうなしに関心を持つのだろうが、その頃は太陽光発電の寿命が尽きているかもしれない。自宅のはわずか10年で撤去したのだから20年後のことなど全く分からない。

放射熱のストレス

自宅から２㎞離れたところには住み心地体感ハウス（ＵＡ値0.55）があり、25㎞離れると横浜体感ハウス（ＵＡ値0.85）がある。それぞれの「涼温な家」でも、四季を通じて住み心地の体感比較を続けているので、私は住み心地を判断する達人だと自負している。その私が、二年近く住み比べて気になったのは、息子の家で感じる放射熱（輻射熱）だ。

断熱性能を高め過ぎると、とくに壁からの放射熱を意識させられるのは確かだ。温かな手のひらや冷えた鉄板を頬に近づけると感じるあの熱だ。私が家の中で最初にこの熱に気が付いたのは、断熱材の厚みが40㎝もあるというドイツの高性能住宅を冬に訪ねた時だった。住人は朝日ですら立派に熱源になると説明した後で、「暑さ嫌いの妻は、いつも窓を開けているけれどね」と肩をすぼめた。ドイツでも不快に感じる人がいるようだが、日本人の皮膚感覚には合わない熱だと感じた。

放射熱は、寒冷地では歓迎されても、温暖地ではストレスになりかねない。中間期にも感じるこの熱は、夏には、エアコン嫌いの人が一番嫌がる痛いような冷感を増幅し、冬には、ほてり・のぼせ感となって意識させられることになる。「涼温な家」では、せっかく空気が気持ち良いのに、放射熱が気になるのはストレスだ。

「床暖房」が「涼温な家」で必要ないのは、六面（床・壁・天井）の温度差がほとんどないだけに、床の温度が過剰な熱として強調されてしまうからだ。

住み心地に対する感受性は、日々、住む体験を積み重ねると成長する。すると、後にお話しする「とても敏感な人（ＨＳＰ）」でなくても、「ちょっと暖か過ぎる」「ちょっと冷え過ぎる」をストレスに感じるようになることを知っておかれるといい。「涼温な家」では、付加（ダブル）断熱は、ＺＥＨの補助金申請の場合を除いては必要ない。猛暑日の増加を考え、屋根だけは断熱を付加した方がいいとする意見に従ったが、小屋裏に上がると、ほんのわずかではあるが、天井からの放射熱の違いが分かる。

日差しは要らない！

日差しの影響については、よく考えなければならない。

断熱強化を図った家はどれも同じように、窓からの日射しの影響を一番受ける。

省エネのために、日差しのエネルギーを最大限に取り入れて設計することを薦めている専門家がいる。一時代前の家では確かに大事なことだったが、太平洋側に建てる「涼温な家」では必ずしもこれを必要としない。私はほどほどに取り入れることをお薦めしたい。

眺望や爽快感を得るために窓を大きくする場合には、夏はもちろんのこと冬でも適当に日差しを遮る工夫が大事である。

暖房負荷を減らすには、日差しを取り入れることが省エネになるのは間違いないが、断熱性能が高い家では、むしろ冷房負荷を減らすことの方が大事だ。

日差しは、住み心地だけでなく省エネという点でも「過ぎたるは及ばざるがごとし」になるということを知っておいて損はない。

だが、窓のメーカーは「これからのトレンドは大開口だ」と盛んにPRをして、製品開発の背景をこのように説明している。「眺望や採光をより良くしたい」「屋内天井と軒天、屋内床とウッドデッキが連続する大開口・大空間を売りにする住宅メーカーが増えてきた」と。何よりも住まい手のトレンドを挙げる。眺望や内外の連続性といった、数値で示せない「空間の質」を求める声が今まで以上に増えてきたのだと。

余分な投資をして、「空間の質」を得たとしても、「住み心地の質」が悪くなったのでは意味がない。それに、窓ガラスは必ず汚れる。「夢の大開口」を掃除する手間と体力とリスクを想像しておくことが絶対に必要だ。高齢者は、脚立に乗る作業はすべきではない。

長男が八〇歳になったとき、このような配置をし、庭との連続を否定した設計をどのように評価するだろうか。日当たりが悪い、庭が狭いと嘆くのか。桜で有名な小金井公園までは歩いて30分ほどで行けるのだから、自宅の庭はこれで十分と思うのか。

プランを考えていた時、もう一つ気にしたことがあった。三〇年後にも今のように「省エネ」が家づくりの最大のテーマになっているのか否かだ。

これからの時代、すべての分野で価値観が様変わりする可能性が高い。電力が余る時代になって太陽光発電はすっかり人気がなくなってしまうのかもしれない。それにつれて、「ゼロ・エネルギー・ハウス」も同様だろう。

しかし、エネルギー事情がどのように変わろうと、「ＩｏＴ次世代住宅」が主流になろうとも、住宅のいちばんの価値は住み心地であることに変わりはないはずだ。

この家は間違いなく、彼の老後を支えるいちばん確かなものになることだろう。

アル・ゴアの求め

息子の家の工事中、どうにも考えさせられることがあった。

それは、求められるＵＡ値を満たすために、現場発泡の硬質ウレタンフォーム吹き付け断熱を付加したことだ。

作業員は白い防護服を着て防毒マスクのようなものを被り、手際よく吹き付けていたが、ウレタンが発泡するときの光景は不気味であり、臭いは二度と嗅ぎたくないものだった。木造との相性は決して良くない。だが最近、吹き込み工法が目立ってきた。専門業者に委託することになるので、面倒な断熱工事に自社の大工や職人を投入しなくて済むという造る側の都合に打ってつけなのだ。

専門業者に依頼するやり方で、もう一つ気になる充填断熱材が、古新聞を粉にした「セルローズファイバー」だ。私は、試しに使ったことがあるが、「所詮は粉塵だ」という印象を強くした。天井や壁に目いっぱい詰め込まれた状態を思い浮かべると、思わず息を止めたくなってしまう。

元アメリカ副大統領アル・ゴアの『不都合な真実』(ランダムハウス講談社)にも、住宅の断熱強化の必要性が書かれているが、方法についてはあらゆる観点から検討すべきである。環境にやさしいとされるものが、必ずしも住む人にやさしいとは限らない。

「造る側にとって都合が良いものは、住む側にとっては不都合である」とならないのか、よくよく検証されることを願うのは私ばかりではなかろう。

「鈍感な世界に生きる敏感な人たち」

この題名の本を書いたのは、デンマークのイルセ・サン（ディスカヴァー・トゥエンティワン二〇一六年一〇月一五日発行）。

著者は、まずこのように書いている。

「世の中の5人に1人がＨＳＰ（Highly Sensitive Person　とても敏感な人）だといわれています。ＨＳＰは、決して病気ではありません。ＨＳＰという概念は、アメリカの精神科医で学者のエレイン・アーロンによって、一九九六年に提唱されたもので、人を男性と女性というように性別で二つに分けるように、とても敏感なタイプと、タフなタイプの二つに分けただけのことです」と。

一九年前のことを思い出した。

すでに述べたように、私は二〇〇〇年一月二八日、朝日新聞の「天声人語」

に「外断熱しかやらない工務店主」として取り上げられた。それを読んで、3時間後に私の前に現れた主婦が、後に「さらに『いい家』を求めて」（ごま書房新社）を書いた久保田紀子さんだった。

そのとき交わされた会話が、同書の第一部二章の「家にいじめられる人」に書かれている。

「快適で満足できる住み心地を得るためには、（構造・断熱の方法と）さらに換気と冷暖房の設計と実施が必要です。そして、それがいいかどうかは、データや理論ではなく住む人の感受性、つまり理屈ではなくて肌に合うか否かで判断されるのです。久保田さんは、感受性が優れているようですね。寒さ、暑さ、臭いに敏感でしょ？」

「ええ、暑さはかなり我慢できるのですが、寒さは苦手です。小さいときから、感受性の強い子だと母が嘆いていました」

松井さんは大きく頷いた。

「私は、男の子を四人育てたのですが、長男がそうでした。いや、私自身がそうだったのです。母は、よく言っていましたよ。腺病質で、扱いにくい子だったと。一日も早く嫁さんに渡したかったと、結婚したすぐ後で女房に言ったそうです。今の時代でしたら、母親がそんなことを告白したら、嫁さんに逃げ出されるところですね」

私は思わず笑ってしまったのだが、松井さんはしんみりと言った。

「敏感な人ほど、家にいじめられるのです」と。

「体の弱い人は、敏感です。これまでの家造りは、その人たちに対して鈍感すぎていました。温度にも、湿度にも、空気や音・においに対しても。住宅展示場も、住宅雑誌も、設計士も、建築家と称する人たちも鈍感で無知であり過ぎます」

この私の考えは、今も変わらない。なぜなら、ほとんどの造り手たちは、「感受性のような主観的な価値にこだわったら商売にならない」と決めつけて家づくりを続けているからだ。

鈍感な造り手たちが、自分たちの都合がいいように建てた家で、敏感な人たちは我慢し諦めてストレスに耐えるのだ。この構図は、省エネ至上主義の時代、ますますはっきりしてきている。

イルセさんは書いている。

「HSPは環境が整っていない状況下では困難に見舞われますが、一方で、適切な環境下では、HSPでない人たちよりも、その環境を楽しめるということが研究で裏付けられています」

「環境」を「住み心地」に置き換えると合点がいく。

「さらに『いい家』を求めて」という本は、「とても敏感」な住まい手が、数値や理論ではなく主婦の感性で、それまでは「いい家」とされてきた家づくりに、次々と不都合な真実があることに気付いて、さらに「いい家」を求めていく物語である。HSPの人は、是非読まれることをお薦めしたい。

契約書に書かれていない約束

契約書に書かれていない約束がある。

それは、「期待」という約束である。「涼温な家」を選択されるお客様が一番期待するのは「住み心地」である。住んでみて、期待どおりの、期待以上の住み心地を納得されたとき、お客様と造り手との間に感動がこだまする。お客様は、目には見えない、数値化もできない住み心地という主観的な価値を求めた自分の選択の正しさに感動されるのだ。

この家づくりは、量産できないし、すべきものではない。規模の小さな工務店が、アフターメンテナンスができる範囲に限定して行うべきものだ。だから、「いい家」をつくる会の工務店は、建築棟数や利益の拡大を第一義にするようなことはない。

しかし、量産住宅メーカーはそれらにこだわらざるを得ない。

ダイワハウスのように、型式認定を受けておきながら、なお安く、早く、簡単に造ってしまおうとなるわけだ。型式認定というのは、住宅の品質確保などに関する法律（品確法）の性能評価の審査をあらかじめ受けておくと、後は同様の品質があるものと扱われ、申請手続きが大幅に簡略化されるので、量産住宅にとって願ってもない制度である。

住み心地は、住む側にとっては一番大切なものなのに、量産メーカーからしたらこれほど厄介な注文はない。型式認定ができない主観的な価値を大事にしたのでは、規格大量生産は成り立たない。そうなったのでは国も困る。わが国の住宅業界には、「たくさん売れるものが『いい家』である」という不動の価値観が確立している。だから、彼らにとって「ゼロ・エネルギー・ハウス」は神風なのだ。国土交通省、経済産業省、環境省がそれぞれ補助金を用意して、鉦や太鼓を叩いて「それ建てろ、それ建てろ！」と煽り立て、国が主導の「ZEH音頭」のボルテージは上がる一方だ。

このような時代、住み心地こそが住宅のいちばん大切な価値である」とする「涼温な家」づくりは茨の道であることは間違いない。しかし、私が外断熱しかやらない工務店主」として朝日新聞「天声人語」に取り上げられたように、地道な努力を積み重ね、お客様に心から喜んでいただける家づくりをモットーにする工務店に、いつかスポットライトが当てられる時代が来ると、私は確信している。

健康長寿の時代の家づくり

「一〇〇年時代の人生戦略」という副題がつけられた「LIFE SHIFT（ライフシフト）」（リンダ・グラットン／アンドリュー・スコット著／東洋経済）を読んで、これからの家づくりの方向性を確信した。

それは、一〇〇歳までは健康で長生きできるという前提で、家づくりに取り組むべきだということである。健康長寿の恩恵に最大限浴するにはどうしたらよいか。正しい選択ができれば計り知れない恩恵を、老後に得ることができる。

悪い選択をしてしまったり、判断を間違えるとどうなるのだろうか？

一七世紀の思想家トマス・ホッブズは「人生は、不快で、残酷で、短い」と嘆いたそうだが、これからの超高齢化時代に、家づくりの選択を間違えると「人生は、不快で、残酷で、長い」と嘆くことになりかねない。

子育てが終わり、定年が過ぎると第二の人生が始まる。人生総仕上げのステージの幕が開くのだ。第二の人生の舞台は、冒険家や特殊な才能と体力に恵まれた人でないかぎりは、わが家である。八〇歳を過ぎたら、一日のほとんどの時間を家で過ごすことになる。

そのときになって、本当に建てておいてよかったと思えるのが、上質な住み心地の家である。「まあまあ」ではダメだ。なぜなら、住み心地に対する感受性は成長するものであり、ちょっとした不満がストレスとなるからだ。「健康住宅」と称し、「ゼロ・エネルギー・ハウス」、「五つ星住宅」として認定を受けたとしても、「換気」と「冷暖房」の方法の選択を誤り、住み心地を悪くしてしまうという家づくりは多い。「涼温な家」に住んで「住む」を楽しむ暮らしをしてみると、八〇歳を過ぎても感受性と好奇心が旺盛になるのがよく分かる。四季を通じて、家中が快適だから動くことが楽になり、行動の範囲が広くなる。動けるという幸せが脳を活性化し、健康長寿に役立つに違いない。

となると、住み心地をいちばんの価値とする「涼温な家」への投資は、健康長寿への投資と言える。これは安全で、リターンの大きい投資なのだ。

住んでみて

住んでみて、四季と梅雨、秋の長雨の時期を体感し、それぞれの時期の住み心地に感動しない家だったら、その家づくりは失敗と言えよう。

だから、住宅のいちばん大切にすべき価値が分からないで建てるべきではない。いくら性能を比較し、見積り合わせをしたところで、住み心地の良し悪しは判別できるものではない。四季を通して一年間住んでから、期待に反し不満を感じるようだったら、二年目には建てて良かったと感動できるように調整できるのが「涼温な家」である。量産できるものではないし、すべきものでもない。このような家は住宅展示場には見当たらないはずだ。

繰り返すが、住み心地という視点に立つと全ては違って見えてくる。「ゼロ・

エネルギー・ハウス」や「五つ星住宅」の補助金を受けて、家の燃費に気をもんでチマチマと縮こまる暮らしをするのは大損だ。住む楽しみこそ、家づくりの醍醐味なのだから。

哲学者・桑子敏雄氏は、『感性哲学2』（東信堂）にこのようなことを書かれている。

「「住む」ということは「引っ越して暮らす」という行為であるとともに、一定の空間に身を置いて心のあり方を空間と一体化するということでもある。つまり、たんなる一回的な行為ではなく、持続的状態を選択する行為であるということである。したがって、「住む」体験によって得られるものは、「通う体験」や「訪れる体験」とは本質的に異なるものを含んでいる。住む体験のもとに語られることばは、通うひとや訪れるひとによって語りえないものである。」

前に紹介したマツミハウジング社長の松井祐三は、住んで一年したお客様を訪問し、「住み心地感想」をいただき、お許しが得られたお客様の分は、ホームページで公開させていただいている。お引き渡して一年後のお客様から住み心地感想をいただくのは、「涼温な家」を造る工務店主の大きな喜びでもある。ii-ie.comには、「いい家」をつくる会員が同様に公開している。

数値や理論ではなく、感性で思ったまま、感じたままに語られる話は感動的だ。感性は正直であり、ごまかしや偽りが入り込む余地がない。

住宅展示場では、まったく見ることも、聞くことも、触れることもできないものだ。そもそも、住み心地というものは「通う体験」や「訪れる体験」すなわち「見て・聞いて・触れて」確かめることができないし、比較も難しい。比較するとしたら、住み比べるのが一番だが、それは簡単にできることではない。だから、桑子さんが言われるように、住む体験のもとに語られる言葉ほど参考になるものはない。

引き継がれる家　その1

50歳を過ぎたら60歳以後の自分の生活と家との関係を徹底して検討する必要

がある。そして、70歳を過ぎたら覚悟を決めたいことがある。それは、自立して生きることだ。

私は、常々お客様にも言い続けているのだが、死ぬ三日前まで、自立してトイレに行くという、強烈な、揺るぎない、意固地なまでの覚悟を持つことが大切だということだ。

それらを実践するのに「涼温な家」ほど適切で、しかも楽な家はない。暖かくて、涼しくて、空気が気持ちよくて、いつも気持ちが癒やされるのだから。

その反対を想像してみよう。

寒くて、暑くて、かび臭くて、空気がよどんでいる家。

そんな家に住んでいると、気持ちが暗くなり、愚痴が増え、笑顔がなくなってしまう。

「涼温な家」の住み心地は、老後頼れるいちばん確かなものであり、生きる喜び、楽しさの源泉だ。住むを楽しんでいる親のところには、子供や孫たちが心置きなく寄ってくるものだ。たとえ、遠く離れていようとも、安心を覚えるに違いない。

そしていつの日か、「ゼロ・エネルギー・ハウス」・「五つ星住宅」だからという理由からではなく、おじいちゃん、おばあちゃんが心から気に入っていた住み心地のいい家だから「相続したい」とも願うだろう。

子供や孫たちに、そう願わせるような家づくりを是非しておきたいものである。

引き継がれる家　その2

二〇一八年四月の「いい家」をつくる会・セミナーにおける講話で、この本を締めくくることにしたい。

家は、引き継がれるものでなければなりません。我々の家づくりは、お客様のお子様はもちろん、孫・ひ孫の代までも喜んで引き継がれることが大事です。用であれば、家づくりはサステナブルなものであるべきは当然のことです。

いる資材は、地球環境にも配慮した低炭素でリサイクルが可能なもの、つまり分別解体が容易なものであるべきで、撤去時の粉塵にも十分配慮されなければなりません。

これから配慮すべきは、地球温暖化による悪影響もさることながら、マイクロプラスチックによる海洋汚染問題です。

先ほど、JSP（断熱材メーカー）さんから、ポリスチレン断熱材のリサイクルについて説明を受けましたが、EU連合をはじめ、環境先進国は二〇四〇年には脱炭素化・脱石油製品を宣

言しています。

サステナブルという価値観が、世界のスタンダードになるということです。家づくりに携わり、住む人の幸せを心から願う我々としては、住み心地という価値を利己的なものにとどめるのではなく、サステナブルという観点からも高く評価されるものとしなければならないのです。

私は、二〇〇七年にオランダに行き、サステナブル建築の権威者であるデルフト工科大学のダイヴェスティン教授（Kees Duijvestein）のプライベート

リチャードさんのご自宅

2018年10月、再度リチャードさんの事務所を訪ね、
サステナブル研究会について意見交換をする。
中央が著者、握手しているのがリチャードさん。

レッスンを受け、つぶさにサステナブル住宅づくりを見学し、当時、「いい家」つくりの五〇年後のあるべき姿に思いを致したのであります。

二〇一二年には、イギリスのゼロ・カーボン建築の先駆者であるリチャード・ホークスさんの自宅や設計事務所を訪ね、教えを乞いました。輸送にかかるCO_2排出量まで計算し、材料はすべて地産地消に徹していました。

これからの家づくりは、ゼロ・エネであることは当然で、ゼロ・カーボン・ハウスを目的としなければならないと教えられたのです。

私の家づくりは、一〇年単位で進化し続けてきました。一九九〇年代は、「外断熱・通気工法」。二〇〇〇年代は「新換気」（通気ではなく換気が大事）。二〇一〇年代は「涼温換気＝涼温な家」です。

二〇二〇年からは、「『いい家』サステナブル研究会」をさらに充実し、五〇年後にも、お客様が安心し、心から喜んでいただける「いい家」づくりの継続と発展を図りたいと願っています。

おわりに

私は60歳で「『いい家』が欲しい。」を、72歳で「涼温な家」を世に問うたのだが、80歳になって、ようやく家づくりの神髄が分かってきた。言い換えれば、真実に対するスポットライトの当てどころが、さらによく分かってきたということだ。「はじめに」にも書いたように、「感じる家づくり」の大切さということである。

アマゾンの住宅本コーナーには、数百冊も並んでおり、ネット広告にも、素敵な施工例や室内写真が無数に紹介されている。

それらは、「見て、知って、比較して選択する」家づくりだ。

しかし、そこに「感じる家づくり」はない。

私は、感じることの大切さに気付いてから、住宅のいちばん重要な価値を確信するに至った。それは「住み心地」に他ならない。震度7に60回耐えることができるとしても、デザインや、設備や、インテリアがどんなに素敵であっても、住み心地でストレスを感じる家には住みたくない。

私が1972年5月に創業したマツミハウジングは、創業以来、「住まいとは幸せの器である。住む人の幸せを心から願える者でなければ住まい造りに携わってはならない」という信条を掲げて正直な家づくりに徹してきた。

その動機は、実を申せば、「善」ではなく極めて利己的なものだ。私がこの世を去ってから、二代目に掛かってくるお客様からの電話は、クレームではなく感謝の言葉であって欲しいと願ってのことなのだ。

だから、建築棟数や規模の拡大は追わず、小さい工務店であることを誇りとし武器とする経営に徹し、一棟、一棟が、住まい手と造り手との感動の架け橋となるよう手造りを心掛けてきた。

この私の考えに共感する工務店主たちが、ii-ie.comに集い、「涼温な家」づくりの情報交換と研鑽に努めている。

お時間がありましたら、ぜひ、各地にある「いい家」をつくる会会員の「住み心地体感ハウス」を訪れてください。

お読みいただきありがとうございます。この本が皆様の家づくりにお役に立てばうれしい限りです。

［推薦本］

松井修三著　新「『いい家』が欲しい。」改訂版Ⅲ
（創英社／三省堂書店）令和4年1月14日3刷
改訂版「涼温な家」
（創英社／三省堂書店）令和2年2月22日初刷

松井祐三著　新「だから『いい家』を建てる。」改訂版
（大和書房）平成30年8月30日3刷

久保田紀子著　新「さらに『いい家』を求めて」改訂版
（ごま書房新社）平成30年3月26日初刷

ここに、ご紹介する本は、本書で取り上げたものばかりですが、いずれも私の愛読書です。年に2回は、近くの書店から買ってきて必ず読み直します。「さあ、これから家を建てるぞ！」と、初心に返って復習してみると、気づかされることがいろいろとあるからです。あなたの家づくりにお役に立つことがたくさんあると確信します。

付載

イギリス換気事情見聞録（ロンドンからのレポート）

機械換気の義務化には、イギリスはドイツより早くに取り組んだ。断熱性能では、住宅後進国と言われる日本が、換気では先進国であるという事実を、理論や数値ではなく感性で語ってみたい。

■ロンドンにて

二〇一四年九月、私は換気専門メーカーであるエアフロー社のシギン社長に会いたくてロンドンを訪れた。以下は、そのときのブログから引いたものである。

夕刻のラッシュアワーの中、タクシーは市内へ入った。

2年前に来た時と比べると、人も車も自転車もさらに増えて活気に満ち溢れていた。市長自ら自転車通勤をしているというだけあって、自転車の数がすごい。それらが、競輪選手のような勢いで、車をすり抜けるようにして同じ車道を走るのだから、見ていてハラハラさせられる。街中に用意された無料のレンタル自転車がそれに輪をかけて、スリリングな光景の連続に神経が疲れる。

写真のようなサイクリング風情の、のんびりした光景は珍しい。

第一種顕熱交換型換気装置（MVHR）を見る筆者

今日は、ロンドンの中心部に位置するパディントン駅から世界最速といわれるディーゼル列車（今後日立製作所が製作する車両に入れ替わるとのこと。途中にすでにＨＩＴＡＣＨＩの車両工場が出来上がっている）に1時間ほど揺られてスウィンドン駅に降り立った。

住宅新築・改築センターに向かうためだ。2年前にも訪ねたのだが、まずは最新の住宅設備情報を知るために今回も訪ねてみた。楽しみにしていた機械換気の新製品は見当たらず、担当者に尋ねてみたところ、ＭＶＨＲに関心を持つのは来場者の30％程度しかいないとのことだった。

帰りのタクシー運転手さんの話では、３ベッドルーム１００平米ほどの自宅の換気は窓開け、暖房はガス式セントラルヒーティングで九月の末頃から四月の初めぐらいまで使用するそうだ。ランニングコストは厳寒期には１００ポンド（約2万円）、平均すれば70ポンド（約1万4千円）とのことだった。

夏は、暑い日はせいぜい二週間程度だから、そんな日は窓を開けて、冷えたビールでも飲んでいるのが最高だそうだ。もし、エアコンが安価でつけられれば使うかと聞いてみたところ「要らないね」と笑っていた。

■機械換気を究める

換気専門メーカーとしてイギリス最大手のエアフロー社（AIRFLOW）のアラン・シギン社長を訪ねた。二年ぶりの再訪にも関わらず、旧知の友人を迎えるような温かな歓迎を受けた。

２時間ほど会談した内容を要約してみる。

左からシギン社長、私、荒川さん

「機械換気というのは、住宅設備の中でいちばん厄介で扱いが難しい分野だと思うのですが、いかがでしょうか？」

「電気工事業者もガス配管工も資格が必要だが、機械換気の施工は資格がない。これほど、健康にかかわる重要なことなのに。人は、空気と水と住むところがあれば生きられるが、こと空気に関しては重要に考えない。なぜなら空気は目に見えないし、あって当たり前のものと思っているからである。

現在は、どこの国でも、室内空気はもとより外の空気も汚れている、だから機械換気が必要なのだという消費者教育が大事だと思っている。当社が換気システムだけに特化した商売をしているのは、正しく換気を行って家の中の空気をきれいにすることは、人々の健康の根幹に関わることなのだから、一番やりがいのある仕事であり、これからますます重要になると考えている」

「正しいとお考えの機械換気の普及は全体の何パーセントぐらいでしょうか?」

「まだ、10%程度でしかない。ドイツで30%程度」

「私も消費者教育のために毎週勉強会を開いています。根気よく啓蒙活動を続ける必要がありますね」

「そのとおりです」

「二〇〇八年からすべての住宅に義務付けられた住宅エネルギー証書(EPC)の制度によって機械換気は促進されているのでしょうか?」

「エネルギーパスはAからGまでレベルが分けられているが、F以下となると断熱・気密も悪いので当然、換気も悪いということになる。断熱改修を施し、当社の24時間換気をつければレベルはB以上になる。イギリスは圧倒的に古い家が多い。政府は中古住宅のレベルアップをして、CO_2削減を図るために、補助金を出して改善を勧めている。オフィスでも太陽光発電・ヒートポンプなどの設備にも補助金を出してくれる。新築はマンション形式のものまで含めても年間10万戸程度である」

「日本では、ダクトレス換気のような簡易なもので済ませたいと考える造り手がいますが、そのあたりはいかがなものでしょうか?」

「イギリスではダクトレスという言い方ではなく、シングルルーム用の換気だ。ドイツ製と同様の熱交換式のものを当社も販売しているが、それらはあくまでもシングルルーム用と考えるべきだ」

「機械換気はメンテナンスの手間が付きまとうと思うが、そのへんはいかがでしょうか?」

「施工やメンテナンスの手間は換気に限ったことではない。フィルターの掃除は基本的にはユーザーがやる。しかし、公営住宅などは高齢化や病気に備え、玄関ドアの上に換気本体を入れて、外からでも掃除できるタイプを納めたこともある」

「イギリスではフィルターはどれぐらいで汚れますか？　東京では、三週間ほどで真っ黒になりますが？」

「イギリスも同じである。ここの事務所も車道に面している方のものは二週間で汚れが目立つ」

シギン社長は、最後にこう締めくくった。

「機械換気は単純なカテゴリーではあるが、とても奥が深いと思っている。そこに住まう人の健康は、家族の幸せの根源であると考えているので、私はこの換気の仕事を究めていきたいと思っている。とてもやりがいを感じる。換気は窓開けで十分で、機械に頼るなんてと批判的だったお客様も、実際に使った暮らしを体験するとその良さを感謝してくれるようになる。普及させるには、お互いに情熱を燃やし続けるのが一番だ」。

私の考えと全く同じである。

「機械換気の普及のためにがんばりましょう」と固く握手を交わした。

■換気先進国

イギリスでは、機械換気は二〇〇六年に法律で義務付けられたが、換気の種類は問わない。日本は、二〇〇三年だから、その点では先進国と言えよう。

日本では、一〇〇年以上長持ちするとうらやましがられているイギリスの家ではあるが、隙間には無頓着だ。換気については窓開けが当たり前だったからだが、二〇一六年には新築住宅のゼロ・カーボン化を図ろうとするに当たり、断熱性能の向上とともに窓開け換気のマイナス面に配慮せざるを得なくなり、第一種熱交換型換気システムが推奨されることとなった。

ところが、窓開け換気に慣れきった国民は、なかなかこの24時間換気の必要性を理解しようとしない。そこで、機械換気メーカーでは、国民に対して啓蒙活動に励んでいる。

現状はどうなのか、デベロッパー三社の分譲現場と、リノベーション現場を二か所回ってみた。後者の一現場では、第一種熱交換型換気を導入するとのことだったが、他はすべて第三種換気だった。それもセントラル方式ではなく、キッチンの換気扇かユティリティか浴室の換気扇を回して排気し、給気は窓枠の上部に

あるスリットからというやり方だった。これは、日本でも二〇年ほど前まで行われており、マツミハウジングでも一時採用したことがあった。
しかし、この換気方法では期待される換気が行われないことが判明し、今ではすっかり過去のものとなっている。

新築分譲住宅のモデル棟に入ると、「だから『いい家』を建てる。」に書いてある「新築のにおい」に包まれた。リビングでは芳香剤の香りが強く、思わずむせ返ってしまった。
瀟洒にデコレーションされた部屋

を見て歩いていると、たちまち息苦しくなった。絨毯なのか、調度品なのか、はたまたカーテンなのか、化学物質であるかどうかは分からないが、わずかながら刺激臭がしていて、とにかく空気が悪い。

換気は一体どうなっているのか？

窓枠の上部にある外気吸入口にティッシュを当ててみても、空気は少しも入ってきていない。そこで、洗面所の天井に取り付けられている換気扇のスイッチを入れた。びっくりするようなモーター音が唸りだすと、吸入口に当てたティッシュが動く。しかし、これだけの音を24時間我慢する住人はまずいないだろう。ということは、シャワーを浴びた直後はつけて、すぐ止めてしまうに違いない。そうなれば、適正な換気は行われないはずだ。

私は、同行した省エネコンサルタントの荒川さん（私の友人）に言った。

「イギリスは、換気に関しては後進国ですね。いや日本が先進国になっているということですね」と。

するとロンドン郊外に住んでいる荒川さんが笑いながら言った。
「一〇〇年以上昔に建てられた隙間だらけの私の家の方が、空気が気持ちよく感じます。新築の家は、断熱・気密性能が良くなっている分だけ、空気がよどむ感じが強いですね。昨日、シギンさんが熱交換型換気は必須だと言っていたのがよくわかります。この開発業者は、換気は住む側に任せたよと言っているのと同じですね」と。

事務所の責任者に尋ねたら、換気の方法について質問する客は一人もいないとのことだった。客の関心がないのだから、そんなものは一番簡単なものにしておこうという考えは、古今東西を問わず同じようだ。

■機械換気の必要性

ロンドンから電車で20分ほどの郊外にある人気の住宅街、イーリング区に建つ戸建てとセミデタッチトハウス（二戸長屋）を地元の不動産業者に案内して

窓開け換気の一例。手前の右上の窓が開いている

もらった。

価格は、なんと1億5千万から2億円もする。今年はすでに30％近い値上がりで、まだまだ上昇するだろうとのこと。

チラシを見ると、両方とも「住宅エネルギー証書」では、下から二番目と三番目の中間、つまりEとFの中間に評価されている。

イギリスでは二〇〇八年一〇月から、家を賃貸・売買する場合には住宅の燃費を表示して説明する義務を不動産業者に課している。EPC（住宅エネルギー証書）は、ドイツでも二〇〇九年七月から「エネルギーパス」として制度化された。これが、日本に紹介されると「さすがはドイツだ」と羨望の声が上がったのだが、実はイギリスの方が早かったのだ。

省エネという視点からは羨望されるものであっても、住み心地という視点からは考えものだ。ランクが最高であっても、空気質は最低な家もあるからだ。

「換気はどうされていますか?」

と尋ねると、業者は「特別なにもしていない。必要なときは窓を開ければいい」と、なんでそんなことを聞くのだと言わんばかりの調子で答えた。

「機械換気に関心を持つお客さまはいないのですか?」

さらに質問するとにべもなく「一人もいない」とのことだった。

案内された家は、かたや築一〇〇年、かたや六〇年以上のレンガ積みの典型的なイギリススタイルだった。

両方とも売主（住人）のお人柄がすばらしく、内部は、昨日見学した分譲住宅のモデル棟よりも見応えがあった。家具調度品のセンスも素晴らしく、何よりも驚かされたのは、その整理整頓ぶりだった。

ベッドメーキングなどは、一流ホテル以上に見事だった。

最初の家で、「これほど部屋を美しく整えるのは、どなたがなさるのですか？」と尋ねてみたらご主人が、

「すべてはワイフがやります。私は、もっぱら庭の手入れと、家庭菜園が担当です」とのことだった。

このように家の内部をきれいにしておけたら、人生が違ったものになるかもしれないと思いつつ、リビングに入った。

庭に面した両開きの大きな窓が全開になっており、ベッドルームの窓は、ほとんど開けられていた。

それを見て「だからなのか」と合点した。

玄関を入った瞬間に想定していた生活臭が思ったほどなく、かすかに芳香剤が香っていた。築六〇年以上も経って、自然換気となればどうしても生活臭が

しみついてしまう。それを和らげるために芳香剤が使われるようだ。

芳香剤は化学物質の一種であり、好き嫌いがある。香りというものは、ごく微量な状態でも気になるものだ。


トイレを見て驚いた。

壁の上部の換気扇が外され、直径10㎝ほどの穴が開いたままの状態になっていた。これでは、排気も給気もままならないはずだ。

換気は、両家とも「窓開け換気」である。


外気はきれいなものと信じ、土埃、高温多湿・低温低湿な気候に悩まされることがなく、蚊に刺される心配もなく、防犯に対する心配も少ないとなれば、機械換気の必要性は理解され難いのだろう。

どうやら日本のように、ホルムアルデヒド、トルエンなどの有害な化学物質が問題化されたこともないようだし、カビやハウスダストの有害性も心配されず、越境大気汚染もない。

「窓開け換気」で十分だと考えるのも頷ける。

もし、我々が住んで窓を閉め切ったらどうなるだろう？ 想像しただけで、生活臭に耐えられなくなるのは明白だった。

国は、省エネとCO_2削減を目指して「家の燃費」を競わせているが、住み心地に一番影響を与える「換気」はすっかり置いてきぼりになっている。

その結果、新築にせよ中古にせよ、室内空気質は実に悪い。

自画自賛と言われるかもしれないが、「涼温な家」の空気の気持ち良さに優る家は、イギリスにはないように思えた。

帰りに同じ街にある荒川さんの家に立ち寄って、お茶をごちそうになった。料理好きの奥さんから、お孫さんたちのためにと手作りしたおまんじゅうをいただいた。

実においしかった。荒川さんの家も窓開け換気である。午後5時、外気温21

度、湿度55%だったが、すでに蓄熱暖房機が働いていた。

歓談の最中、奥さんが言われた。

「あなた、もう窓を閉めてください」と。

■香りは、家の品位？

百貨店へ行ったので、芳香剤のコーナーに立ち寄ってみた。

よくぞ揃えたものだと感心するほど様々な商品が並べられていた。五〇年配の気さくな女性の店員さんがいたので尋ねてみた。

「これだけの数の香料の中から、気に入った一品を選ぶのは大変なことですね」

「そのとおりです。香水は自分が好きなように選べばいいのですが、家につける香りですから、家のニオイとのマッチングがとても大切になります。うまく合うと、うれしいものでしてね、毎日の暮らしがハッピーになりますよ」

「でも、自分たちには合う香りでも、ゲストには気に入られないということ

もありますよね」
「それはあります。ゲストからも喜ばれるセンスが大事です。香りは、その家の品位そのものです」
店員さんは、肩をすぼめ両手を広げて言った。

私は、「新換気（センターダクト換気）」を開発したとき、アロマテラピー効果を試したことがあった。ヒノキの香りをはじめ、精神安定に効くという能書きのものなど10種類以上を試して分かったことは、香りがないさわやかな空気ほど気持ち良いものはないということだった。

その実験はひそかに東京体感ハウスで行ったのだが、その最中にやってきた久保田さんは、玄関ドアを開けるや否や「この臭いはなんですか？」と、不快感をあらわにした。

私が自然素材の香料で実験していることを説明すると、すぐに止めた方がいいと言った。

自身が仮住まいでシックハウス症候群に悩まされた体験者であるからというのではなく、「空気に香りをつけるようなことはすべきではない。香りがあることは、決して快適ではない」と主張した。

確かに、最高と自負する「新換気の家」で、アロマ効果を付加価値とするのはおかしな考えだった。私は、ただちに実験を中止した。

家には、香料を持ち込むべきではない。香水ですら、なるべくなら避けたい。新換気がもたらすさわやかな空気こそ、最高のリラックス効果をもたらしてくれるのだから。

私は、当時のことを思い浮かべつつ、店員さんの親切な対応に感謝して適当なものを一つ購入した。

■放射熱の圧迫感

木造軸組だけが発揮する強い美しさは、イギリスではまったく見られない。写真のようにブロックを積み上げて、10㎝の隙間を開けてレンガを積み上げる。空間にロックウールかウレタンフォームを充填する。天井にも目いっぱい断熱材を詰め込む。窓は高性能なプラスチックサッシ。断熱性能は申し分ない。

完成した家では、窓から少し日差しが入るだけでも暑苦しい感じがする。機械換気がないから、窓を開けざるを得なくなる。なおかつ換気の経路が不十分だから、空気のよどむ場所ができてしまう。

このよどみ感が、「涼温な家」で暮らす者にとってはたまらなくつらく感じる。

午後から、ロンドン郊外アクトン・メイン・ライン駅より徒歩5分のところに新築された、EPCがBランクで、機械換気が備えられているという住宅を

見に行った。
4戸長屋の二階建て小屋裏利用の4ベッドルームである。価格はいずれも1億6千万円前後。デザインはモダンだが、南面の窓が広く日射取得が大き過ぎる。これで、断熱性能だけを良くしたのでは、暑くなり過ぎてしまうはずだ。そう思って玄関を入って一呼吸した瞬間、この家もダメだと感じた。空気がよどみ、新築の刺激臭がきつい。換気はどうなっているのだろうと見渡すと、部屋の内部にはそれらしきものが見当たらない。トイレをのぞくと天井に、スイッチを入れると開くダクトファンがあった。

「ここ一か所だけ?まさか!」と思って、二階のメインベッドルームに接しているバスルームの天井を見上げると、一階のトイレと同じファンが目に入った。給気は、窓枠である。午後3時、パラパラ程度の小雨、温度は21度・湿度78%。家の内部は、暖房しているわけではないのに温度25度・湿度65%。

「熱交換換気があると聞いてきたのだが」と問いかけると、五〇代と思しき男性の業者は肩をすぼめ、「このとおりだよ」とのこと。

これでは、シャワーを使うと湿気の排出が間に合わず、部屋に出てきてしまうはずだ。湿気の多い冬には、カビが発生する危険があるし、臭いがこもる。カーテンを閉めると、窓枠からの給気はほとんど期待できない。

とにかく空気が悪い。そこにもってきて、壁からの放射熱の圧迫感がたまらない。私は息苦しさを覚えてすべり出し窓を開けたが、期待したように空気が入ってこない。外はほとんど風がないし、温度差がこの程度では、一か所の窓を10㎝ほどすべり出しただけでは換気効果が得られなくて当然だ。

窓枠からの吸気を確認する筆者(左)

この家でも、換気を疎かにして断熱強化を図ることが、間違いなく住み心地を悪化させることを実感した。このことは、ドイツの住宅でも感じたことがあった。

「オーバーヒーティング」になったとき、冬でも冷房を付けたくなる人は決して少なくないはずだ。

放射熱の圧迫感・ストレスについて、国も学者も気づくべきだ。

我が国のように梅雨があり、高温多湿な夏があり、秋の長雨もある気候特性に対する配慮を怠って、ひたすら省エネを求め断熱強化を図るのは考えものなのだ。イギリスやドイツのように、夏の暑さを窓開け換気で凌げるならよいが、わが国では健康被害を受けかねない。

イギリスでは二〇一六年から、新築住宅には熱交換換気が義務付けられたが、長年窓開け換気を最善としてきている国民が、機械換気の有効性に目覚めるには相当の時間がかかりそうだ。

今日の不動産業者も、先日の業者とまったく同じことを言っていた。「換気について質問する客に出会ったのは、初めてだ」。

換気扇のスイッチがドアの上の手が届かない高さにある理由を尋ねると、これまた同じように「知らない。椅子を使えばいいのでは」と答えた。

私は、常時付けっ放しにして使わせるためだと思ったが、換気に対する関心の低さを思い知らされた。

しっかりと機械換気が働く、「涼温な家」のような空気の気持ちいい家はないのだろうか？

■イギリスのゼロ・カーボン・ハウス

今日はまばゆいばかりの陽光の下、二か所の「ゼロ・カーボン・ハウス」を訪問してみた。

パディントン駅から急行で20分のスラウ駅でタクシーに乗った。ホンダ車だったが運転手さんは「私はホンダを信じている。絶対に壊れないからね」と自慢していた。

走ること10分ほどで、「グリーン・ワット・ウェイ（Green Watt Way）」と称したゼロ・カーボン・ハウス建築場所に到着した。ここは、二〇一〇年の秋にイギリスのガス電力大手会社と政府や建築研究団体が一〇棟の実験棟を建て、二年間のモニタリングを条件に賃貸したという。

現在は、モニタリングは終了し、不動産会社が買い取って賃貸をしている。

タクシーから降り立って見上げると、写真のように窓が二か所開いていた。快晴のため、室内がオーバーヒート状態になったのだろうか？

同じように窓が開いている家が数軒あった。

そこで実際に暮らしている人にインタビューをさせていただいたところ、今日はたまたま開けているが、普段は閉めて暮らしているそうだ。

前に住んでいた家では、冬にも窓を開けて暮らしていたが、この家は夏の暑い時期に二日ほど開けただけで、閉めていても実に気持ちいい。

冬は暖かく、とても快適だ。数日前に友人たちを招いてパーティーを開いたが、みんながこの家はなんていう家だ！と感心していたと喜んでいた。他の人にもインタビューすると、同じような答えだった。とにかく、機械換気のある暮らしは、今までの家と比べたらとても快適だとのことだった。

フィルターの掃除はどのようにしているのか、と質問すると怪訝な顔をして「機械を見たこともないし、そんなことはしたことがない。管理会社の人が三か月に一度来てくれるから、そのときにでもやってくれているのだろう」と話された。突然の訪問で、玄関先での話なので、聞きたいことはたくさんあったが遠慮した。

前に紹介した換気専門メーカーであるエアフロー社のシギンさんが言っていた。「24時間の機械換気が正しく働く家に暮らした人は、必ずその良さを理解するはずだ」と。

まさしく、ここの住人の話はそのとおりだった。

次に、イーリング駅から徒歩15分ほどの閑静な住宅街の一等地に新築中の物件を見学した。第一種顕熱交換型換気が入っているのは確かなのだが、あいにくとまだ作動していなかった。価格がなんと3億5千万円。住宅エネルギー証書（EPC）は、完成検査を受けないことにはわからないが、たぶんトップランクになるだろうと不動産業者は言っていた。

窓の性能数値は不明だが、見た感じでは高性能なものだった。しかし、すべての窓枠に換気口がついていた。

この意味について尋ねると、業者は「わからない」と肩をすぼめて両手を広げた。

イギリス政府は、二〇〇七年に二〇一六年以降に新築されるすべての住宅をゼロ・カーボン仕様にすると発表し、日本の住宅業界にも衝撃をもたらし、「低炭素住宅認定制度」ができたのだが、イギリスでは今のところ、不動産業者の「ゼロ・カーボン・ハウス」に対する関心は極めて低い。ということは、ユーザーの関心が低いということなのではなかろうか。

「涼温な家」は低炭素住宅としての認定を受けられるが、もし、補助金や税制の優遇措置がなくなったとしたら、お客様がそれを望まれるかは疑問である。「住宅の根源的な価値は、住み心地にある」という私の確信の「住み心地」を、「ゼロ・カーボン」に置き換える日は、まだまだずっと先のことだろうと思った。

■Zero Carbon Hub（ゼロ・カーボン・ハブ）

今日は、ロンドンの中心街にある「Zero Carbon Hub」を訪問した。「Hub」

とは、総元締めという意味のようだ。

技術マネージャーのタッソス・コージオニスさんとプロジェクトマネージャーであるロス・ホレロンさんと2時間ほど会談した。

ゼロ・カーボン・ハウスは、第一種顕熱交換型換気を必須とするものだが、フィルターの掃除・交換に関する配慮がされていない。

室内空気質よりも省エネ・燃費の向上が国家的な要請となったとはいえ、維持管理がしづらい換気システムは、いずれ住人の健康を損ない、エネルギー節約の効果を帳消しにするばかりではなく、医療費の増大という不幸をもたらしかねない。

現在、「いい家」をつくる会では、フィルターの掃除・交換がしやすいことを最大のテーマとして換気システムの改良に取り組んでいる。

話を分かりやすくするために、備えられていたプロジェクターを使って、「センターダクト換気」と「涼温な家」のプレゼンテーションをした。一通りの説明を終えると、お二人が「よくぞこまで考えたものだ。フィルター掃除がアクセスしやすく、空気の分散のしかたが素晴らしい。非常に論理的で特に室内空気質に重点をおいている」と感心していた。

「実は、」と、プロジェクトマネージャーがこのような話をしてくれた。

「最近のことですが、一年以上住んでいる三千所帯にアンケートしてみたところ、フィルターの管理をしている所帯は、五世帯しかなかったことが分かったのです。これは、われわれがこれから直面する大問題で

す」と。

それに対して、私が言った。

「換気は、室内空気質と熱損失という点からとらえられているが、私はフィルターの掃除・交換を最重要視すべきだと考えている。フィルターは、換気装置と外気取り入れダクトの中間に必要なだけではなく、排出される室内空気が熱交換素子に入る手前にも必要だ。生活の仕方によっては、後者の方が汚れがひどい場合もある」。

技術マネージャーが大きく頷いてから言った。

「二〇〇三年に、ヨーロッパは熱波に襲われ、約3万5千人が主に熱中症で死亡し、イギリスでは2千人以上が亡くなりました。なんと、12日間も26度から37度の日が続き、夜も29度以上が七日間続いたのです。その上、湿度も高くなりましてね。ですから、これからは夏の猛暑対策がとても重要になります。冬の『オーバーヒーティング』対策も重要です。照明の熱を含め、生活の排熱、日射取得をどう減らすかです。古い家も断熱改修や窓の性能アップによって生じる問題は同じです。この点からも、冷暖房機能を備えたエアコンとの組み合わせは、検討に値すると思いました。このシステムは『スーパー換気』ですね」

と絶賛してから、

「しかし」と続けた。

「イギリスで支持されるかどうかは疑問です。なぜなら、第一種顕熱交換型換気ですら拒否反応を示す人が多いのですから。これから、二〇一六年に向けて産官学で啓蒙活動を活発化させなければと思っています」。

お二人とも、ダクトレス換気には否定的だった。互いに熱交換型機械換気の普及に努め、ユーザーを幸せにできるように努力しましょう。と固い握手を交わして別れた。

■湯たんぽ

必要なものがあってデパートに立ち寄った。

ふと見ると、写真のような「Hot Water Bottle」が目に入った。容器を包む様々なデザインが売りになっている。私が子供のころ風邪をひくと、湯たんぽを布団の中に入れてくれた母のことが思い出された。

私は、極度の冷え症なので、電気式の足温器をたまに使うことがあった。しかし、「涼温な家」にリフォームしてからは、一度も使っていない。

中国出身という三〇代と思しき女性店員に尋ねてみた。

「イギリスの家庭では、よく使われているのですか？」

「これからはシーズンで、買い求めるお客様が増えます」

「あなたは、使ったことがありますか？」

「はい、学生の頃ホームステイした家がとても寒いのに暖房を夜は止められてしまい、その代わりに湯たんぽが常備されていて、奥さんが、ここにあるようなカバーを手作りしてくれました」。

「その家はどのくらい古い家でしたか？」

「ヴィクトリア時代の家だと、ご主人がいつも自慢していました」。

イギリスでは、築年数の古い家ほど価値があるとされているが、リノベーションされていない家では、一般的に寝るときは暖房を止めて、寒さをひたすら我慢しているようだ。構造が木造ではなく、地震もシロアリの被害もなく、腐ることがないから長持ちする。このような事実から、日本は、イギリスの家は住み心地が良いと思い込む人たちがいるが、暑ければ窓を開ければいい、寒ければ湯たんぽと共にベッドインすればいいという暮らし方を受け入れてこそのことだと納得させられた。

■窓を開ければ「ノープロブレム」？

荒川さんの情報では、デンマークのコペンハーゲンにあるジェンベックス社(Genvex)は、第一種顕熱交換型換気とエアコンを組み合わせ、室外機を内蔵している点で画期的な製品を作っているとのこと。イギリス代理店が、コッツウォルズにあるというので訪れた。

責任者は、マイケル・ハントさんといい、気さくで笑顔の素晴らしい人だった。話が一通り終わったところで、せっかく来たのだから私の家をお見せしたいと案内してくれた。

世界の観光客を魅了して止まない牧歌的な風景を眺めながら、30分ほど窓を開けて空気の気持ち良さを堪能しながらドライブした。

マイケルさんの家は、一五〇〇年前に建てられたというだけあって、近隣の家々の中でも一際古びて見えた。その味わいを奥さん共々こよなく愛していて、休

コッツウォルズ　羊が牧草を食み、この地方独特の石積みの塀が手前に見える

写真の右側に見えるのは、エアコンの屋外気ではなく給湯器のコンプレッサーである

日を利用しては手入れに余念がないそうだ。

中に入ると、一五〇〇年前の壁に囲まれた近代的なキッチンをはじめとする設備が、それなりにマッチングして楽しいインテリアとなっていたが、やはり一世紀半の風雪に耐え抜いてきた壁の厚みには、時にめまいがするような重苦しさを感じさせられた。それは、数年前にコッツウォルズにある築三〇〇年以上というマナーハウスに泊まったときに感じた空気感に似ていた。

ひととおり家の中を案内してもらった後で、換気を見せていただきたいと申し出た。すると、ハントさんは納戸のような部屋に案内して天井を指さした。そこには、六〇cm角ぐらいの穴が開けられていて、出入りには壁に立てかけてある脚立を使うのだという。

「小屋裏は、冬は寒いし、夏は暑いし、だから換気装置に近づくことは、故障でもしない限りはやらないですね。換気を取り付けたのが二年前、それ以来フィルターの交換は一度もしていないのですよ」と、あっけらかんと説明してくれた。

「それでは、換気の役割をしていないでしょう」と私が驚いたように言うと、

「窓を開ければノープロブレム（問題ない）」と、肩をすぼめ両腕を大きく開いて笑われた。


この空気環境ならば、特別、機械換気は必要ないだろうと思う反面、やはり窓開け換気だけでは、生活臭は取れないと納得したのだった。

私たちのがっかりした様子を察して、ハントさんは言った。

「コペンハーゲンの本社の技術者を紹介するから会ってみては」と。

■デンマーク換気事情

翌日、我々はデンマークの首都コペンハーゲンを訪問した。気温12度、風速5メートルは真冬の寒さだが、デンマークの人たちは秋の格好で平然としており、皮膚感覚の違いを思い知らされた。

六〇代のタクシードライバーの話では、換気装置を使っている家は一軒も知らないとのこと。

「バイキングの子孫なのだから、換気装置なんか要らないよ。空気が悪いと思ったら窓を開ければいい」と笑っていた。

ジェンベックス社の技術担当のトーマス・コレスコブさんは、日帰り予定の我々のために、市内のホテルで待っていてくれた。

システムの説明を受けると、出力不足と冷房ができないとのことなので、私は興味を失った。そこで、換気に対する国民の意識を尋ねた。

二〇〇五年から第一種顕熱交換型換気が義務付けられている割には、換気に対する国民の関心はイギリスと同様に極めて低いとのことだった。日本では、一部の造り手たちの間で、デンマーク製の換気装置が大変な優れもののように扱われているが、現地ではまるで違った印象を受けた。

多くを期待していたが、換気に関しては得るものはほとんどなかった。

話の最後に加湿器、除湿機について質問した。

コレスコブさんが言うには、「デンマークの冬は多湿なために、加湿器は使ったことがなく、夏も多湿だが除湿機は一切使っていない。でも、オーストリアでは加湿器が必須になる。なぜなら低温・低湿だからである。私の友人が、ウィーンでインダクト式の加湿器を販売しているから紹介したい」とのことだった。その場で、ネットで見た限りでは、すぐにでも試しに使ってみたくなった。

荒川さんが「明日行ってみますか？」と、まるで東京から名古屋あたりに行くかのような調子で言った。ヨーロッパでビジネスをするには、そのくらいの行動力があって当たり前ですよと言わんばかりであったが、さすがに返事は出来なかった。

しかし、もし、そのインダクト式の加湿器を実際に使っているお宅を体感させてもらえるなら、近々オーストリアを訪ねたいと答えた。

別れ際に、トーマスさんは両手を大きく広げ、心底から感心した様子で言った。

「デンマークでも換気装置へのアクセス（点検・掃除・フィルター交換）という点では問題を抱えていて、それはドイツのパッシブハウスも同様だ。この点で、アクセスしやすく、誰でも簡単にできるように配慮された『涼温換気』の発想は素晴らしいと思う。換気は、金儲けにはならないが住む人の健康にはなくてはならない。日本のビルダーのレベルがこんなにも高いとは驚きだ」と。

翌年、私はその加湿器を実際に取り寄せ、自宅の涼温換気システムと組み合わせて実証実験を始めた。まるで、「涼温換気」のために開発されたかのように相性が申し分ない。水道管直結の全自動で作動し、衛生面への配慮にとても優れている。三年間メンテフリー。輸入代理店を開拓出来たら、是非お薦めしたい製品である。

■英国パッシブハウス・コンフェレンス

荒川さんから、ロンドン郊外のスチブネス市で行われた「英国パッシブハウス・コンフェレンス二〇一四」について報告をいただいた。

〈意外だったのは、全世界でのパッシブハウス基準での建築戸数が、昨年で三万七千戸と少なく、英国では二五〇戸とまだまだパッシブハウスは黎明期であると認識しました。

パッシブハウス基準はエンベロープ（外皮）の断熱性能と気密性能の向上に重きを置き、室内空気環境の維持のために第一種顕熱交換型換気（第一種熱交換型換気）を必須としていますが、メンテナンスについては基準には明記されていません。

しかしながらその重要性については、講演のテーマの一つとして取り上げられており、松井さんがゼロ・カーボン・ハブで熱弁を振るわれたのと同じく、各講師が繰り返し強調していたのは、アクセスのしやすさと住人のフィルター管理への理解と協力の大切さです。「涼温換気システム」は、その点でも世界のトップを走っていると再確認しました。

出展企業の中で目立ったのが窓・サッシのメーカーでした。いずれもパッシブハウス基準の窓の熱貫流率0.85w／㎡Kを達成する為に、トリプルガラス（三重ガラス）窓が主流で、出展メーカーのトリプルガラス窓は、熱貫流率が0.6w／㎡Kから0.7w／㎡Kの性能を持っているものでした。マツミハウジングでもエンベロープの断熱性能の更なる向上に、トリプルガラスの採用を積極化する必要があるのではないか、つまり、換気とともに窓を重視することが大事であると思います。

講師のジョン・デフバー氏（建築家）の意見が印象的でした。

「パッシブハウス（ＰＨ）基準は一つの性能基準で、必ずしも顧客に取っての理想的な住宅だとは思わない。何故ならばPH基準を満たす為にPH認定の部材を使わなければならない。これは実は矛盾している。顧客に取ってのベストな住宅は、まずは建築基準を遵守しながら、いかに顧客が快適に過ごせるかを考え、これを追求してエンベロープを決め、そして換気システムつまり第一種顕熱交換型換気を入れて、顧客が快適な居住環境をコントロール出来るように、つまり第一種顕熱交換型換気のフィルターの清掃が極めて容易に出来るように配慮することである。顧客から快適でないとの苦情が来るのは顧客が悪いのではなく、建てる側、つまり設計と工法と現場が悪いことを我々が認識しないと顧客はついてこないだろう。」

この意見は、松井さんの考えと同じであり正論だと思いました。

今回のコンフェレンスで講師をはじめ数人の建築家と面識が出来、今後、住宅に関連する様々な問題点や疑問の解決のネットワークが増強できたことは大きな収穫です。〉

ゼロ・カーボン・ハウスのその後

翌年の九月、私はゼロ・カーボン・ハブを荒川さんと再訪した。二〇一六年から予定している新築住宅のゼロ・カーボン・ハウス化を目前にして、どのような動きがあるかを知るためであった。

昨年お会いしたコージオニス担当官との面談となり、旧交を温めるとともに、様々な情報交換ができた。開口一番、彼は「残念なニュースです！」と顔をしかめて言った。英国はゼロ・カーボン化の実施を延期することになったというのだ。

今年五月の総選挙で、キャメロン首相の率いる保守党が勝利し、これまでの保守党と自由党の連立政権が終焉し、保守党一党の単独内閣が発足した。これにより、連立政権時代に推し進められていた様々な政策と予算の見直しが実行

され、エネルギー気候変動省管轄のゼロ・カーボン・ホーム・プロジェクトも見直され、期限は明確にされていないが、延期が決定されたのだという。

一方EUは、加盟国に対して「ニアリー（nearly）・ゼロ・エネルギー・ビルディング（nZEB）」の採用を義務付けた。そこで英国も、まずはnZEBの取り込みに向かわざるを得なくなったそうだ。

ドイツのパッシブハウス研究所は、世界最高と言われる省エネ基準を提唱し、EU諸国はもとより、英国にもその普及を図っていた。ゼロ・カーボンの前段階としてゼロ・エネルギーを達成すべしと。

ニアリー（nearly）はここでは、ほぼ目標に近いという意味なのだろうが、どこかあいまいなネーミングだ。もともと、「ゼロ・カーボン・ハウス」や「低炭素住宅」ですらあいまいなので、造る側として意気込んで目標にする気が起こらない。お客様にとっても、「よしっ、家を建てるぞ！」となるものではない。ゼロ・エネルギーに「nearly」をつけたところにEU連合の難しさが見て取れた。

目標値を高くし過ぎて、フォルクスワーゲンのようにデータを偽装するようなメーカーが出てきたのでは困るという判断も働いたのだろう。

日本は、二〇二〇年にはゼロ・エネルギーの義務化を図ると同時に「低炭素化」の実施も目論んでいる。こうなると、住宅後進国と言われていた国がいつの間にか最先端に立ったようにも思える。

しかし、「ニアリー」という考えは、わが国もすぐに後追いし、アメリカの一部の州も取り入れている。「ゼロ・エネルギー・ハウス」が、国民のコンセンサスになるのはまだかなり先になるのだろう。

ギリシャ人であるコージオニスさんの語り口は、イギリス人の早口とは違い、ゆっくりしていて、身振りも大きく理解しやすかった。

「ドイツによって開発されたパッシブハウスは、学研派による構造体の断熱性能の追求があまりにも行き過ぎて、住宅が断熱箱のようになり、昨年もこの席で話題になったオーバーヒートの問題が顕在化している。

住宅で最も大事なコンフォート（住み心地）を二の次にしていると思わざるをえない。コンフォートを左右するのは、松井さんが力説しているとおり換気システムであり、そのフィルターの定期清掃と点検であるのは確かなことだ。

イギリスはもちろん、ＥＵ全体でその重要性を大いに議論すべき時に来ている。これを解決することに注力されている松井さんの努力と実績には大いに敬意を表し、我々も学ばなければならないと思っている」。

コージオニスさんは、住み心地こそが住宅のいちばんの価値であるという認識をしっかりと共有していた。同席していた女性担当官も大きく頷いていた。

著者プロフィール
松井修三（まつい　しゅうぞう）
1939 年　神奈川県厚木市に生まれる。
1961 年　中央大学法律学科卒。
1972 年　マツミハウジング株式会社創業。
「住いとは幸せの器である。住む人の幸せを心から願える者でなければ住い造りに携わってはならない」という信条のもとに、木造軸組による注文住宅造りに専念。
1999 年　「『いい家』が欲しい。」出版。
2000 年　1 月 28 日、朝日新聞「天声人語」に「外断熱しかやらない工務店主」として取り上げられた。
2008 年　「新換気システム」開発。
2012 年　「涼温な家」開発。
2014 年　「涼温な家」出版。

家に何を求めるのか

発行日　令和元年 9 月 6 日　初版発行
令和元年10月20日　初版 2 刷発行
令和 2 年 7 月22日　初版 3 刷発行
令和 3 年12月28日　初版 4 刷発行
著　者　松井修三
発行・発売　創英社／三省堂書店
〒101-0051　東京都千代田区神田神保町1-1
電話03-3291-2295　Fax03-3292-7687
印刷所　三省堂印刷株式会社

ISBN978-4-86659-083-7　C2077